그리스도 안에 계시는

✹   님께 드립니다.

년   월   일

:미츠보트613

: 미츠보트 613

자유롭게 이 책을 복제, 배포하셔도 됩니다.
책의 수익금은 새로운 성경 관련 책을 만들거나
어려운 사람들을 돕는 데 쓰입니다.

2013년 7월 Mike Hwang 번역, 최대한 쉽게 직역했습니다.
2014년 2월 miklish에서 초판 1쇄를,
2021년 1월 초판 2쇄를 출간했습니다.
성경은 개역 성경(대한성서공회)을 사용했습니다.
잘못된 내용이 있다면 010 4718 1329, iminia@naver.com으로 연락 주십시오.
고맙습니다.

ISBN: 979 11 951702 1 0 (03200)
「이 도서의 국립중앙도서관 출판시도서목록(CIP)은
서지정보유통지원시스템 홈페이지(http://seoji.nl.go.kr)와
국가자료공동목록시스템(http://www.nl.go.kr/kolisnet)에서
이용하실 수 있습니다. (CIP제어번호:CIP2013028567)」

성령과 신부가 말씀하시기를 오라 하시는도다 듣는 자도 오라 할 것이요 목마른 자도 올 것이요
또 원하는 자는 값없이 생명수를 받으라 하시더라
내가 이 두루마리의 예언의 말씀을 듣는 모든 사람에게 증언하노니 만일 누구든지 이것들 외에
더하면 하나님이 이 두루마리에 기록된 재앙들을 그에게 더하실 것이요
만일 누구든지 이 두루마리의 예언의 말씀에서 제하여 버리면 하나님이 이 두루마리에 기록된
생명나무와 및 거룩한 성에 참여함을 제하여 버리시리라
요한계시록 22:17~19

유대인의 율법
: 미츠보트 613

Jewish commandments: **Mitzvot 613**
성경, 유대교, 탈무드, 토라를 깊이 있게 보는 책

머리말

하나님을 사랑하는 모든 사람에게 이 책을 드립니다.

예수님 이후에 하나님 사랑 이웃 사랑을 실천하면서 자신의 양심껏 융통성을 발휘해도 됩니다. 하지만 원칙이 뭔지도 모르고 융통성을 발휘할 수는 없습니다. 아직 초등학문(율법)이 뭔지 모르면서 고등학문(사랑)을 익히는 것도 어려운 일입니다.

: 이같이 율법이 우리를 그리스도께로 인도하는 초등교사가 되어 우리로 하여금 믿음으로 말미암아 의롭다 함을 얻게 하려 함이라 믿음이 온 후로는 우리가 초등교사 아래 있지 아니하도다 (갈라디아서 3:24~25)

하나님의 말씀을 더 잘 알기 위해 유대인의 율법을 알아야 합니다.

: 진실로 너희에게 이르노니 천지가 없어지기 전에는 율법의 일점일획도 결코 없어지지 아니하고 다 이루리라 그러므로 누구든지 이 계명 중의 지극히 작은 것 하나라도 버리고 또 그같이 사람을 가르치는 자는 천국에서 지극히 작다 일컬음을 받을 것이요 누구든지 이를 행하며 가르치는 자는 천국에서 크다 일컬음을 받으리라 내가 너희에게 이르노니 너희 의가 서기관과 바리새인보다 더 낫지 못하면 결단코 천국에 들어가지 못하리라 (마태복음 5:18~20)

믿음이 먼저인지 행위가 먼저인지, 과연 얼마만큼 행위가 있어야 진실로 믿는 것인지는 하나님께서만 아시지만, 행함이 없는 믿음은 죽은 믿음이란 것을 우리 모두가 알고 있습니다.

: 영혼 없는 몸이 죽은 것 같이 행함이 없는 믿음은 죽은 것이니라 (야고보서 2:26)

:차례

1: 하나님 사랑

선생님 율법 중에서 어느 계명이 크니이까

예수께서 이르시되 네 마음을 다하고 목숨을 다하고

뜻을 다하여 주 너의 하나님을 사랑하라 하셨으니

이것이 크고 첫째 되는 계명이요

둘째도 그와 같으니 네 이웃을 네 자신 같이 사랑하라 하

셨으니 이 두 계명이 온 율법과 선지자의 강령이니라

하나님을 사랑하는 것은 이것이니 우리가 그의 계명들

을 지키는 것이라 그의 계명들은 무거운 것이 아니로다

: 마태복음 22:36~40, 요한일서 5:3

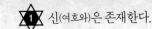 신(여호와)은 존재한다.

출애굽기 20:2 나는 너를 애굽 땅, 종 되었던 집에서 인도하여 낸 네 하나님 여호와니라.

 여호와 이외에 다른 신이 있다고 생각조차 하지 마라.

출애굽기 20:2 나는 너를 애굽 땅, 종 되었던 집에서 인도하여 낸 네 하나님 여호와니라. 너
~3 는 나 외에는 다른 신들을 네게 두지 말라

 여호와는 한 분이시다.

신명기 6:4 이스라엘아 들으라 우리 하나님 여호와는 오직 유일한 여호와이시니

 여호와를 사랑해라.

신명기 6:5 너는 마음을 다하고 뜻을 다하고 힘을 다하여 네 하나님 여호와를 사랑하라

 여호와를 두려워해라.

신명기 10:20 네 하나님 여호와를 경외하여 그를 섬기며 그에게 의지하고 그의 이름으로
맹세하라

 여호와의 이름을 신성하게 여겨라.

레위기 22:32 너희는 내 성호를 속되게 하지 말라 나는 이스라엘 자손 중에서 거룩하게 함
을 받을 것이니라 나는 너희를 거룩하게 하는 여호와요

7 여호와의 이름을 더럽히지 마라.

레위기 22:32 너희는 내 성호를 속되게 하지 말라 나는 이스라엘 자손 중에서 거룩하게 함을 받을 것이니라 나는 너희를 거룩하게 하는 여호와요

8 여호와의 이름과 관련된 물건을 파괴하지 마라.

신명기 12:2 너희가 쫓아낼 민족들이 그들의 신들을 섬기는 곳은 높은 산이든지 작은 산 ~4 이든지 푸른 나무 아래든지를 막론하고 그 모든 곳을 너희가 마땅히 파멸하며 그 제단을 헐며 주상을 깨뜨리며 아세라 상을 불사르고 또 그 조각한 신상들을 찍어 그 이름을 그 곳에서 멸하라 너희의 하나님 여호와께는 너희가 그처럼 행하지 말고

9 여호와의 이름을 말하는 예언자의 말을 들어라.

신명기 18:15 네 하나님 여호와께서 너희 가운데 네 형제 중에서 너를 위하여 나와 같은 선지자 하나를 일으키시리니 너희는 그의 말을 들을지니라

10 여호와를 시험하지 마라.

신명기 6:16 너희가 맛사에서 시험한 것 같이 너희의 하나님 여호와를 시험하지 말고

11 여호와의 율법을 경외(=공경하고 두려워 하다)하고 따르라.

신명기 28:9 여호와께서 네게 맹세하신 대로 너를 세워 자기의 성민이 되게 하시리니 이는 네가 네 하나님 여호와의 명령을 지켜 그 길로 행할 것임이니라

12 여호와를 아는 사람처럼 생각하고 살아라.

신명기 10:20 네 하나님 여호와를 경외하여 그를 섬기며 그에게 의지하고 그의 이름으로 맹세하라

2: 이웃 사랑

그러므로 무엇이든지 남에게 대접을 받고자 하는 대로

너희도 남을 대접하라 이것이 율법이요 선지자니라

: 마태복음 7:12

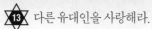

13 다른 유대인을 사랑해라.

레위기 19:18 원수를 갚지 말며 동포를 원망하지 말며 네 이웃 사랑하기를 네 자신과 같이 사랑하라 나는 여호와이니라

14 유대교로 개종한 사람을 사랑해라.

민수기 10:19 너희는 나그네를 사랑하라 전에 너희도 애굽 땅에서 나그네 되었음이니라

15 동료 유대인을 싫어하지 마라.

레위기 19:17 너는 네 형제를 마음으로 미워하지 말며 네 이웃을 반드시 견책하라 그러면 네가 그에 대하여 죄를 담당하지 아니하리라

16 죄인을 나무라지 마라.

레위기 19:17 너는 네 형제를 마음으로 미워하지 말며 네 이웃을 반드시 견책하라 그러면 네가 그에 대하여 죄를 담당하지 아니하리라

17 다른 사람을 난처하게 하지 마라.

레위기 19:17 너는 네 형제를 마음으로 미워하지 말며 네 이웃을 반드시 견책하라 그러면 네가 그에 대하여 죄를 담당하지 아니하리라

18 약한 사람을 억압하지 마라.

출애굽기 22:21 너는 이방 나그네를 압제하지 말며 그들을 학대하지 말라 너희도 애굽 땅에 서 나그네였음이라

19 다른 사람에 대해 경멸하는 말을 하지 마라.

레위기 19:16 너는 네 백성 중에 돌아다니며 사람을 비방하지 말며 네 이웃의 피를 흘려 이익을 도모하지 말라 나는 여호와이니라

 20 복수하지 마라.

레위기 19:18 원수를 갚지 말며 동포를 원망하지 말며 네 이웃 사랑하기를 네 자신과 같이 사랑하라 나는 여호와이니라

 21 원한을 품지 마라.

레위기 19:18 원수를 갚지 말며 동포를 원망하지 말며 네 이웃 사랑하기를 네 자신과 같이 사랑하라 나는 여호와이니라

 22 토라를 배워라.

신명기 6:6 오늘 내가 네게 명하신 이 말씀을 너는 마음에 새기고 네 자녀에게 부지런히
~7 가르치며 집에 앉았을 때에든지 길을 갈 때에든지 누워 있을 때에든지 일어날 때에든지 말씀을 강론할 것이며

 23 토라를 알고 가르치는 사람을 존경해라.

레위기 19:32 너는 센 머리 앞에서 일어서고 노인의 얼굴을 공경하며 네 하나님을 경외하라 나는 여호와이니라

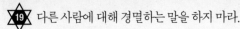 **24** 우상숭배에 대해 알아보지 마라.

레위기 19:4 너희는 헛된 것들에게로 향하지 말며 너희를 위하여 신상들을 부어만들지 말라 나는 너희의 하나님 여호와이니라

보고 느끼는 것의 변덕을 따르지 마라.

민수기 15:39 이스라엘 자손에게 명령하여 대대로 그들의 옷단 귀에 술을 만들고 청색 끈을 그 귀의 술에 더하라 이 술은 너희가 보고 여호와의 모든 계명을 기억하여 준행하고 너희를 방종하게 하는 자신의 마음과 눈의 욕심을 따라 음행하지 않게 하기 위함이라

 신성모독적인 말을 하지 마라.

출애굽기 22:27 그것이 유일한 옷이라 그것이 그의 알몸을 가릴 옷인즉 그가 무엇을 입고 자겠느냐 그가 내게 부르짖으면 내가 들으리니 나는 자비로운 자임이니라

3: 우상숭배

그러므로 내 의견에는 이방인 중에서 하나님께로 돌아

오는 자들을 괴롭게 하지 말고 다만 우상의 더러운 것과

음행과 목매어 죽인 것과 피를 멀리하라고 편지하는 것

이 옳으니 이는 예로부터 각 성에서 모세를 전하는 자가

있어 안식일마다 회당에서 그 글을 읽음이라 하더라

이에 사도와 장로와 온 교회가 그 중에서 사람들을 택하

여 바울과 바나바와 함께 안디옥으로 보내기를 결정하니

곧 형제 중에 인도자인 바사바라 하는 유다와 실라더라

: 사도행전 15:19~22

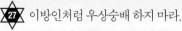

27 이방인처럼 우상숭배 하지 마라.

출애굽기 20:5 그것들에게 절하지 말며 그것들을 섬기지 말라 나 네 하나님 여호와는 질투
~ 6 하는 하나님인즉 나를 미워하는 자의 죄를 갚되 아버지로부터 아들에게로 삼
사 대까지 이르게 하거니와 나를 사랑하고 내 계명을 지키는 자에게는 천 대
까지 은혜를 베푸느니라

28 우리가 신을 숭배하는 4가지 방식으로 우상을 숭배하지 마라.

출애굽기 20:5 그것들에게 절하지 말며 그것들을 섬기지 말라 나 네 하나님 여호와는 질투
~ 6 하는 하나님인즉 나를 미워하는 자의 죄를 갚되 아버지로부터 아들에게로 삼
사 대까지 이르게 하거니와 나를 사랑하고 내 계명을 지키는 자에게는 천 대
까지 은혜를 베푸느니라

29 너를 위해 우상을 만들지 마라.

출애굽기 20:4 너를 위하여 새긴 우상을 만들지 말고 또 위로 하늘에 있는 것이나 아래로 땅
에 있는 것이나 땅 아래 물 속에 있는 것의 어떤 형상도 만들지 말며

30 다른 사람을 위해 우상을 만들지 마라.

레위기 19:4 너희는 헛된 것들에게로 향하지 말며 너희를 위하여 신상들을 부어만들지 말
라 나는 너희의 하나님 여호와이니라

31 장식하는 목적이라도 인간의 형상을 만들지 말라.

출애굽기 20:20 모세가 백성에게 이르되 두려워하지 말라 하나님이 임하심은 너희를 시험하
~ 23 고 너희로 경외하여 범죄하지 않게 하려 하심이니라...너희는 나를 비겨서 은
으로나 금으로나 너희를 위하여 신상을 만들지 말고

32 한 도시를 우상 숭배하는 곳으로 바꾸지 마라.

신명기 13:14 너희 가운데서 어떤 불량배가 일어나서 그 성읍 주민을 유혹하여 이르기를
~ 16 너희가 알지 못하던 다른 신들을 우리가 가서 섬기자 한다 하거든 이런 가증
한 일이 너희 가운데에 있다는 것이 확실한 사실로 드러나면 너는 마땅히 그
성읍 주민을 칼날로 죽이고 그 성읍과 그 가운데에 거주하는 모든 것과 그 가
축을 칼날로 진멸하고

우상숭배 하는 도시로 바뀐 곳은 불태워라.

신명기 13:16 또 그 속에서 빼앗아 차지한 물건을 다 거리에 모아 놓고 그 성읍과 그 탈취물 전부를 불살라 네 하나님 여호와께 드릴지니 그 성읍은 영구히 폐허가 되어 다시는 건축되지 아니할 것이라

 우상 숭배하는 곳을 다시 한 도시로 만들지 마라.

신명기 13:17 너는 이 진멸할 물건을 조금도 네 손에 대지 말라 그리하면 여호와께서 그의 진노를 그치시고 너를 긍휼히 여기시고 자비를 더하사 네 조상들에게 맹세하심 같이 너를 번성하게 하실 것이라

 우상 숭배로부터 이득을 얻지 마라.

신명기 13:18 네가 만일 네 하나님 여호와의 말씀을 듣고 오늘 내가 네게 명하는 그 모든 명령을 지켜 네 하나님 여호와의 목전에서 정직하게 행하면 이같이 되리라

 우상숭배 하도록 전도하지 마라.

신명기 13:12 네 하나님 여호와께서 네게 주어 거주하게 하시는 한 성읍에 대하여 네게 소
~ 14 문이 들리기를 너희 가운데서 어떤 불량배가 일어나서 그 성읍 주민을 유혹 하여 이르기를 너희가 알지 못하던 다른 신들을 우리가 가서 섬기자 한다 하 거든 이런 가증한 일이 너희 가운데에 있다는 것이 확실한 사실로 드러나면

 우상숭배자를 사랑하지 마라.

신명기 13:9 너는 용서 없이 그를 죽이되 죽일 때에 네가 먼저 그에게 손을 대고 후에 뭇 백 성이 손을 대라

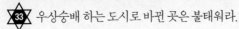 우상숭배자 증오하기를 중단하지 마라.

신명기 13:9 너는 용서 없이 그를 죽이되 죽일 때에 네가 먼저 그에게 손을 대고 후에 뭇 백 성이 손을 대라

39 우상숭배자를 구하지 마라.

신명기 13:9 너는 용서 없이 그를 죽이되 죽일 때에 네가 먼저 그에게 손을 대고 후에 뭇 백성이 손을 대라

40 우상숭배자의 변호에 아무 말도 하지 마라.

신명기 13:9 너는 용서 없이 그를 죽이되 죽일 때에 네가 먼저 그에게 손을 대고 후에 뭇 백성이 손을 대라

41 우상숭배자를 죄 있다고 하는 것을 그만두지 마라.

신명기 13:9 너는 용서 없이 그를 죽이되 죽일 때에 네가 먼저 그에게 손을 대고 후에 뭇 백성이 손을 대라

42 우상의 이름으로 예언하지 마라.

신명기 13:13
~ 14
너희 중 어떤 잡류가 일어나서 그 성읍 거민을 유혹하여 이르기를 너희가 알지 못하던 다른 신들을 우리가 가서 섬기자 한다 하거든 이런 가증한 일이 너희 가운데에 있다는 것이 확실한 사실로 드러나면

43 잘못된 예언자의 말을 듣지 마라.

신명기 13:13
~ 14
너희 중 어떤 잡류가 일어나서 그 성읍 거민을 유혹하여 이르기를 너희가 알지 못하던 다른 신들을 우리가 가서 섬기자 한다 하거든 이런 가증한 일이 너희 가운데에 있다는 것이 확실한 사실로 드러나면

44 여호와의 이름으로 거짓 예언하지 마라.

신명기 18:20 만일 어떤 선지자가 내가 전하라고 명령하지 아니한 말을 제 마음대로 내 이름으로 전하든지 다른 신들의 이름으로 말하면 그 선지자는 죽임을 당하리라 하셨느니라

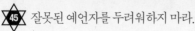 잘못된 예언자를 두려워하지 마라.

신명기 18:22 만일 선지자가 있어 여호와의 이름으로 말한 일에 증험도 없고 성취함도 없으면 이는 여호와께서 말씀하신 것이 아니요 그 선지자가 제 마음대로 한 말이니 너는 그를 두려워하지 말지니라

 우상의 이름으로 맹세하지 마라.

출애굽기 23:13 내가 네게 이른 모든 일을 삼가 지키고 다른 신들의 이름은 부르지도 말며 네 입에서 들리게도 하지 말지니라

 무당행위(신을 접하는)를 하지 마라.

레위기 19:31 너희는 신접한 자와 박수를 믿지 말며 그들을 추종하여 스스로 더럽히지 말라 나는 너희 하나님 여호와이니라

 무당행위(점을 봐주는)를 하지 마라.

레위기 19:31 너희는 신접한 자와 박수를 믿지 말며 그들을 추종하여 스스로 더럽히지 말라 나는 너희 하나님 여호와이니라

 너의 자식을 몰렉(우상)의 불을 통과하게 하지 마라.

레위기 18:21 너는 결단코 자녀를 몰렉에게 주어 불로 통과하게 함으로 네 하나님의 이름을 욕되게 하지 말라 나는 여호와이니라

 공공의 경배하는 장소에 우상을 세우지 마라.

신명기 16:22 자기를 위하여 주상을 세우지 말라 네 하나님 여호와께서 미워하시느니라

51 부드러운 돌 앞에서 절하지 마라.

레위기 26:1 너희는 자기를 위하여 우상을 만들지 말지니 조각한 것이나 주상을 세우지 말며 너희 땅에 조각한 석상을 세우고 그에게 경배하지 말라 나는 너희의 하나님 여호와임이니라

52 신전의 마당에 나무를 심지 마라.

신명기 16:21 네 하나님 여호와를 위하여 쌓은 제단 곁에 어떤 나무로든지 아세라 상을 세우지 말며

53 우상과 우상의 장신구를 부숴라.

신명기 12:2 너희가 쫓아낼 민족들이 그들의 신들을 섬기는 곳은 높은 산이든지 작은 산이든지 푸른 나무 아래든지를 막론하고 그 모든 곳을 너희가 마땅히 파멸하며

54 우상과 우상의 장신구로부터 이익을 얻지 마라.

신명기 7:26 너는 가증한 것을 네 집에 들이지 말라 너도 그것과 같이 진멸 당할까 하노라 너는 그것을 멀리하며 심히 미워하라 그것은 진멸 당할 것임이니라

55 우상의 장식품으로부터 이익을 얻지 마라.

신명기 7:25 너는 그들이 조각한 신상들을 불사르고 그것에 입힌 은이나 금을 탐내지 말며 취하지 말라 네가 그것으로 말미암아 올무에 걸릴까 하노니 이는 네 하나님 여호와께서 가증히 여기시는 것임이니라

56 우상숭배자와 맹세하지 마라.

신명기 7:2 네 하나님 여호와께서 그들을 네게 넘겨 네게 치게 하시리니 그 때에 너는 그들을 진멸할 것이라 그들과 어떤 언약도 하지 말 것이요 그들을 불쌍히 여기지도 말 것이며

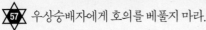 우상숭배자에게 호의를 베풀지 마라.

신명기 7:2 네 하나님 여호와께서 그들을 네게 넘겨 네게 치게 하시리니 그 때에 너는 그
들을 진멸할 것이라 그들과 어떤 언약도 하지 말 것이요 그들을 불쌍히 여기
지도 말 것이며

 이스라엘의 땅에 그들을 거주하게 하지 마라.

출애굽기 23:33 그들이 네 땅에 머무르지 못할 것은 그들이 너를 내게 범죄하게 할까 두려움
이라 네가 그 신들을 섬기면 그것이 너의 올무가 되리라

 그들의 옷이나 관습을 흉내 내지 마라.

레위기 20:23 너희는 내가 너희 앞에서 쫓아내는 족속의 풍속을 따르지 말라 그들이 이 모
든 일을 행하므로 내가 그들을 가증히 여기노라

 미신을 믿지 마라.

레위기 19:26 너희는 무엇이든지 피째 먹지 말며 점을 치지 말며 술법을 행하지 말며

 미래를 보기 위한 최면 상태가 되지 마라.

신명기 18:10 그의 아들이나 딸을 불 가운데로 지나게 하는 자나 점쟁이나 길흉을 말하는
자나 요술하는 자나 무당이나

 점 보는데 관련되지 마라.

레위기 19:26 너희는 무엇이든지 피째 먹지 말며 점을 치지 말며 술법을 행하지 말며

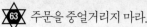

63 주문을 중얼거리지 마라.

신명기 18:11 진언자나 신접자나 박수나 초혼자를 너희 가운데에 용납하지 말라 이런 일을
~12 행하는 모든 자를 여호와께서 가증히 여기시나니 이런 가증한 일로 말미암아
네 하나님 여호와께서 그들을 네 앞에서 쫓아내시느니라

64 시체를 만지려고 하지 마라.

신명기 18:11 진언자나 신접자나 박수나 초혼자를 너희 가운데에 용납하지 말라

65 무당(신접한 자)에게 상담하지 마라.

신명기 18:10 그의 아들이나 딸을 불 가운데로 지나게 하는 자나 점쟁이나 길흉을 말하는
~11 자나 요술하는 자나 무당이나 진언자나 신접자나 박수나 초혼자를 너희 가운
데에 용납하지 말라

66 무당(점 보는 자)에게 상담하지 마라.

신명기 18:10 그의 아들이나 딸을 불 가운데로 지나게 하는 자나 점쟁이나 길흉을 말하는
~11 자나 요술하는 자나 무당이나 진언자나 신접자나 박수나 초혼자를 너희 가운
데에 용납하지 말라

67 마술 활동을 하지 마라.

신명기 18:10 그의 아들이나 딸을 불 가운데로 지나게 하는 자나 점쟁이나 길흉을 말하는
~11 자나 요술하는 자나 무당이나 진언자나 신접자나 박수나 초혼자를 너희 가운
데에 용납하지 말라

4: 삶의 원칙 1

곧 너와 네 아들과 네 손자들이 평생에 네 하나님 여호와를 경외하며 내가 너희에게 명한 그 모든 규례와 명령을 지키게 하기 위한 것이며 또 네 날을 장구하게 하기 위한 것이라

이스라엘아 듣고 삼가 그것을 행하라 그리하면 네가 복을 받고 네 조상들의 하나님 여호와께서 네게 허락하심 같이 젖과 꿀이 흐르는 땅에서 네가 크게 번성하리라

: 신명기 6:2~3

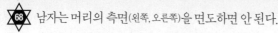

68 남자는 머리의 측면(왼쪽, 오른쪽)을 면도하면 안 된다.

레위기 19:27 머리 가를 둥글게 깎지 말며 수염 끝을 손상하지 말며

69 남자는 수염을 면도하면 안 된다.

레위기 19:27 머리 가를 둥글게 깎지 말며 수염 끝을 손상하지 말며

 70 남자는 여자의 옷을 입으면 안 된다.

신명기 22:5 여자는 남자의 의복을 입지 말 것이요 남자는 여자의 의복을 입지 말 것이라 이같이 하는 자는 네 하나님 여호와께 가증한 자이니라

71 여자는 남자의 옷을 입으면 안 된다.

신명기 22:5 여자는 남자의 의복을 입지 말 것이요 남자는 여자의 의복을 입지 말 것이라 이같이 하는 자는 네 하나님 여호와께 가증한 자이니라

 72 피부에 문신하지 마라.

레위기 19:28 죽은 자 때문에 너희의 살에 문신을 하지 말며 무늬를 놓지 말라 나는 여호와 이니라

73 슬프다고 피부를 뜯지 마라.

신명기 14:1 너희는 너희 하나님 여호와의 자녀이니 죽은 자를 위하여 자기 몸을 베지 말며 눈썹 사이 이마 위의 털을 밀지 말라

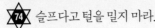 슬프다고 털을 밀지 마라.

신명기 14:1 너희는 너희 하나님 여호와의 자녀이니 죽은 자를 위하여 자기 몸을 베지 말
며 눈썹 사이 이마 위의 털을 밀지 말라

 잘못한 것은 회개하고 고백해라.

민수기 5:7 이스라엘 자손에게 이르라 남자나 여자나 사람들이 범하는 죄를 범하여 여호
와께 거역함으로 죄를 지으면 그 지은 죄를 자복하고 그 죄 값을 온전히 갚되
오분의 일을 더하여 그가 죄를 지었던 그 사람에게 돌려줄 것이요

 매일 두 번씩 셰마(아침저녁의 기도문)를 말해라.

신명기 6:7 네 자녀에게 부지런히 가르치며 집에 앉았을 때에든지 길을 갈 때에든지 누
워 있을 때에든지 일어날 때에든지 말씀을 강론할 것이며

 매일 기도해라.

출애굽기 23:25 네 하나님 여호와를 섬기라 그리하면 여호와가 너희의 양식과 물에 복을 내
리고 너희 중에서 병을 제하리니

 성직자는 매일 유대 국가를 축복해라.

민수기 6:23 아론과 그의 아들들에게 말하여 이르기를 너희는 이스라엘 자손을 위하여 이
~26 렇게 축복하여 이르되 여호와는 네게 복을 주시고 너를 지키시기를 원하며
여호와는 그의 얼굴을 네게 비추사 은혜 베푸시기를 원하며 여호와는 그 얼
굴을 네게로 향하여 드사 평강 주시기를 원하노라 할지니라 하라

 성구함을 머리에 매라.

신명기 6:5 너는 마음을 다하고 성품을 다하고 힘을 다하여 네 하나님 여호와를 사랑하
~8 라 오늘날 내가 네게 명하는 이 말씀을 너는 마음에 새기고 네 자녀에게 부지
런히 가르치며 집에 앉았을 때에든지 길에 행할때에든지 누웠을 때에든지 일
어날 때에든지 이 말씀을 강론할 것이며 너는 또 그것을 네 손목에 매어 기호
를 삼으며 네 미간에 붙여 표로 삼고

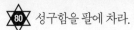 성구함을 팔에 차라.

신명기 6:8 너는 또 그것을 네 손목에 매어 기호를 삼으며 네 미간에 붙여 표로 삼고

 성구를 문에 붙여라.

신명기 6:9 또 네 집 문설주와 바깥 문에 기록할지니라

iminia.com 의 '성경문패'에 신청하시면, 자석으로 만든 성구를 (배송비 포함) 1000원에 구입하실 수 있습니다.

 모든 남자는 모세 5경을 써야 한다.

신명기 31:19 그러므로 이제 너희는 이 노래를 써서 이스라엘 자손들에게 가르쳐 그들의 입으로 부르게 하여 이 노래로 나를 위하여 이스라엘 자손들에게 증거가 되게 하라

83 왕은 자신을 위해 따로 구분된 모세 5경을 가져야 한다.

신명기 17:18 그가 왕위에 오르거든 이 율법서의 등사본을 레위 사람 제사장 앞에서 책에 기록하여

84 옷의 4 귀퉁이에 술을 달아라.

민수기 15:38 이스라엘 자손에게 명령하여 대대로 그들의 옷단 귀에 술을 만들고 청색 끈을 그 귀의 술에 더하라

85 식사 후에 하나님께 감사드려라.

민수기 8:10 네가 먹어서 배부르고 네 하나님 여호와께서 옥토를 네게 주셨음으로 말미암아 그를 찬송하리라

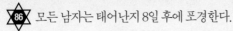 **모든 남자는 태어난지 8일 후에 포경한다.**

창세기 17:10 너희 중 남자는 다 할례를 받으라 이것이 나와 너희와 너희 후손 사이에 지킬
~ 14 내 언약이니라 너희는 포피를 베어라 이것이 나와 너희 사이의 언약의 표징
이니라... 너희 자손이 아니라 이방 사람에게서 돈으로 산 자를 막론하고 난
지 팔 일 만에 할례를 받을 것이라... 할례를 받지 아니한 남자 곧 그 포피를 베
지 아니한 자는 백성 중에서 끊어지리니...

5: 안식일과 절기

그 날에는 아이 밴 자들과 젖 먹이는 자들에게 화가 있으

리로다

너희가 도망하는 일이 겨울에나 안식일에 되지 않도록

기도하라

: 마태복음 24:19~20

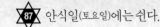 안식일(토요일)에는 쉰다.

출애굽기 23:12 너는 엿새 동안에 네 일을 하고 일곱째 날에는 쉬라 네 소와 나귀가 쉴 것이며
네 여종의 자식과 나그네가 숨을 돌리리라

 안식일(토요일)에는 노동을 금지한다.

출애굽기 20:10 너는 여섯 해 동안은 너의 땅에 파종하여 그 소산을 거두고 일곱째 해에는 갈
~11 지 말고 묵혀두어서 네 백성의 가난한 자들이 먹게 하라 그 남은 것은 들짐승
이 먹으리라 네 포도원과 감람원도 그리할지니라

 법원은 안식일(토요일)에 벌주지 않는다.

출애굽기 35:3 안식일에는 너희의 모든 처소에서 불도 피우지 말지니라

 안식일(토요일)에 도시 경계를 넘어 걷지 마라.

출애굽기 16:29 볼지어다 여호와가 너희에게 안식일을 줌으로 여섯째 날에는 이틀 양식을 너
희에게 주는 것이니 너희는 각기 처소에 있고 일곱째 날에는 아무도 그의 처
소에서 나오지 말지니라

 기도, 촛불, 과일(술 혹은 와인)로 안식일(토요일)을 신성하게 해라

출애굽기 20:8 안식일을 기억하여 거룩하게 지키라
~9

 속죄일에 금지된 일을 하지 말고 쉬어라.

레위기 23:32 이는 너희가 쉴 안식일이니라 너희는 스스로 괴롭게 하고 이 달 아흐렛날 저
녁 곧 그 저녁부터 이튿날 저녁까지 안식을 지킬지니라

93 속죄일에 금지된 일을 하지 마라.

레위기 23:32 이는 너희가 쉴 안식일이니라 너희는 스스로 괴롭게 하고 이 달 아흐렛날 저녁 곧 그 저녁부터 이튿날 저녁까지 안식을 지킬지니라

94 속죄일에 자신을 괴롭혀라.

레위기 16:29 너희는 영원히 이 규례를 지킬지니라 일곱째 달 곧 그 달 십일에 너희는 스스로 괴롭게 하고 아무 일도 하지 말되 본토인이든지 너희 중에 거류하는 거류민이든지 그리하라

95 속죄일에 먹거나 마시지 마라.

레위기 23:29 이 날에 스스로 괴롭게 하지 아니하는 자는 그 백성 중에서 끊어질 것이라

96 유월절의 첫째 날에 쉬어라.

레위기 23:7 그 첫날에는 너희가 성회로 모이고 아무 노동도 하지 말며

97 유월절의 첫째 날에 금지된 일을 하지 마라.

레위기 23:8 너희는 이레 동안 여호와께 화제를 드릴 것이요 일곱째 날에도 성회로 모이고 아무 노동도 하지 말지니라

98 유월절의 일곱째 날에 쉬어라.

레위기 23:8 너희는 이레 동안 여호와께 화제를 드릴 것이요 일곱째 날에도 성회로 모이고 아무 노동도 하지 말지니라

유월절의 일곱째 날에 금지된 일을 하지 마라.

레위기 23:8 너희는 이레 동안 여호와께 화제를 드릴 것이요 일곱째 날에도 성회로 모이고 아무 노동도 하지 말지니라

 오순절에 쉬어라.

레위기 23:21 이 날에 너희는 너희 중에 성회를 공포하고 어떤 노동도 하지 말지니 이는 너희가 그 거주하는 각처에서 대대로 지킬 영원한 규례니라

 오순절에 금지된 일을 하지 마라.

레위기 23:21 이 날에 너희는 너희 중에 성회를 공포하고 어떤 노동도 하지 말지니 이는 너희가 그 거주하는 각처에서 대대로 지킬 영원한 규례니라

 로쉬하샤나(설날의 일종)에 쉬어라.

레위기 23:24 이스라엘 자손에게 말하여 이르라 일곱째 달 그 첫날은 너희에게 쉬는 날이 될지니 이는 나팔을 불어 기념할 날이요 성회라

 로쉬하샤나(설날의 일종)에 금지된 일을 하지 마라.

레위기 23:25 어떤 노동도 하지 말고 여호와께 화제를 드릴지니라

 초막절(추석의 일종)에 쉬어라.

레위기 23:35 첫날에는 성회로 모일지니 너희는 아무 노동도 하지 말지며

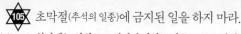

105 초막절(추석의 일종)에 금지된 일을 하지 마라.

레위기 23:35 첫날에는 성회로 모일지니 너희는 아무 노동도 하지 말지며

106 초막절(추석의 일종)의 여덟째 날에 쉬어라.

레위기 23:36 이레 동안에 너희는 여호와께 화제를 드릴 것이요 여덟째 날에도 너희는 성회로 모여서 여호와께 화제를 드릴지니 이는 거룩한 대회라 너희는 어떤 노동도 하지 말지니라

107 초막절(추석의 일종)의 여덟째 날에 금지된 일을 하지 마라.

레위기 23:36 이레 동안에 너희는 여호와께 화제를 드릴 것이요 여덟째 날에도 너희는 성회로 모여서 여호와께 화제를 드릴지니 이는 거룩한 대회라 너희는 어떤 노동도 하지 말지니라

108 유월절에 이스트 들어간 빵을 먹지 마라.

신명기 16:3 유교병을 그것과 함께 먹지 말고 이레 동안은 무교병 곧 고난의 떡을 그것과 함께 먹으라 이는 네가 애굽 땅에서 급히 나왔음이니 이같이 행하여 네 평생에 항상 네가 애굽 땅에서 나온 날을 기억할 것이니라

109 유월절에 모든 이스트 들어간 빵을 없애라.

출애굽기 12:15 너희는 이레 동안 무교병을 먹을지니 그 첫날에 누룩을 너희 집에서 제하라 무릇 첫날부터 일곱째 날까지 유교병을 먹는 자는 이스라엘에서 끊어지리라

110 유월절의 7일 동안 이스트 들어간 빵을 먹지 마라.

출애굽기 13:3 모세가 백성에게 이르되 너희는 애굽 곧 종 되었던 집에서 나온 그 날을 기념하여 유교병을 먹지 말라 여호와께서 그 손의 권능으로 너희를 그 곳에서 인도해 내셨음이니라

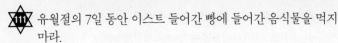 유월절의 7일 동안 이스트 들어간 빵에 들어간 음식물을 먹지 마라.

출애굽기 12:20 너희는 아무 유교물이든지 먹지 말고 너희 모든 유하는 곳에서 무교병을 먹을지니라

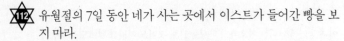 유월절의 7일 동안 네가 사는 곳에서 이스트가 들어간 빵을 보지 마라.

출애굽기 13:7 이레 동안에는 무교병을 먹고 유교병을 네게 보이지 아니하게 하며 네 땅에서 누룩을 네게 보이지 아니하게 하라

113 유월절의 7일 동안 네가 사는 곳에서 이스트가 들어간 빵을 찾지 마라.

출애굽기 12:19 이레 동안은 누룩이 너희 집에서 발견되지 아니하도록 하라 무릇 유교물을 먹는 자는 타국인이든지 본국에서 난 자든지를 막론하고 이스라엘 회중에서 끊어지리니

114 유월절의 첫 밤에 무교병(이스트가 없는 과자, 떡)을 먹어라.

출애굽기 12:18 첫째 달 그 달 열나흘날 저녁부터 이십 일일 저녁까지 너희는 무교병을 먹을 것이요

115 유월절의 첫 밤에 이집트에서의 출애굽을 이야기해라.

출애굽기 13:8 너는 그 날에 네 아들에게 보여 이르기를 이 예식은 내가 애굽에서 나올 때에 여호와께서 나를 위하여 행하신 일로 말미암음이라 하고

116 로쉬하샤나(설날의 일종)에 소뿔 나팔을 들어라.

민수기 10:10 너희 희락의 날과 너희 정한 절기와 월삭에는 번제물의 위에와 화목제물의 위에 나팔을 불라 그로 말미암아 너희 하나님이 너희를 기억하리라 나는 너희 하나님 여호와니라

117 초막절(추석의 일종)의 7일 동안 초막에 거주해라.

레위기 23:42 너희는 이레 동안 초막에 거주하되 이스라엘에서 난 자는 다 초막에 거주할 지니

118 초막절(추석의 일종)의 7일 동안 대추야자나무와 감귤류의 나무를 놓여야 한다.

레위기 23:40 첫 날에는 너희가 아름다운 나무 실과와 종려나무 가지와 무성한 나무 가지와 시내 버들을 취하여 너희의 하나님 여호와 앞에서 이레 동안 즐거워할 것이 라

119 모든 남자는 매년 반세겔(은화 반쪽)을 내야 한다.

출애굽기 30:13 무릇 계수 중에 드는 자마다 성소의 세겔로 반 세겔을 낼지니 한 세겔은 이십 게라라 그 반 세겔을 여호와께 드릴지며

120 법정(혹은 나라를 이끄는 사람들)은 언제가 첫 달이 시작할지를 계산 해서 결정해야 한다.

출애굽기 12:2 이 달을 너희에게 달의 시작 곧 해의 첫 달이 되게 하고 너희는 이스라엘 온 회
~ 3 중에게 말하여 이르라...

121 재난의 때에는 여호와 앞에서 자신을 괴롭게 하고 크게 짖어라.

민수기 10:9 또 너희 땅에서 너희가 자기를 압박하는 대적을 치러 나갈 때에는 나팔을 크 게 불지니 그리하면 너희 하나님 여호와가 너희를 기억하고 너희를 너희의 대적에게서 구원하시리라

6: 결혼과 성

바리새인들이 예수께 나아와 그를 시험하여 이르되 사람이 어떤 이유가 있으면 그 아내를 버리는 것이 옳으니이까

예수께서 대답하여 이르시되 사람을 지으신 이가 본래 그들을 남자와 여자로 지으시고

말씀하시기를 그러므로 사람이 그 부모를 떠나서 아내에게 합하여 그 둘이 한 몸이 될지니라 하신 것을 읽지 못하였느냐

그런즉 이제 둘이 아니요 한 몸이니 그러므로 하나님이 짝지어 주신 것을 사람이 나누지 못할지니라 하시니

: 마태복음 19:3~6

✡ **122** 케투바(결혼 계약서)와 에루신(약혼식)으로 아내와 결혼해라.

신명기 22:13 누구든지 아내를 맞이하여 그에게 들어간 후에 그를 미워하여

✡ **123** 결혼하지 않을 여자와 성관계를 하지 마라.

신명기 23:18 창기가 번 돈과 개 같은 자의 소득은 어떤 서원하는 일로든지 네 하나님 여호와의 전에 가져오지 말라 이 둘은 다 네 하나님 여호와께 가증한 것임이니라

✡ **124** 너의 아내에게 옷, 음식, 성관계를 안 주지 마라.

출애굽기 21:10 만일 상전이 다른 여자에게 장가들지라도 그 여자의 음식과 의복과 동침하는 것은 끊지 말 것이요

✡ **125** 아내와 아이를 가져라.

창세기 1:28 하나님이 그들에게 복을 주시며 하나님이 그들에게 이르시되 생육하고 번성하여 땅에 충만 하라, 땅을 정복하라, 바다의 물고기와 하늘의 새와 땅에 움직이는 모든 생물을 다스리라 하시니라

✡ **126** 이혼 서류와 함께 이혼해라.

신명기 24:1 사람이 아내를 맞이하여 데려온 후에 그에게 수치 되는 일이 있음을 발견하고 그를 기뻐하지 아니하면 이혼 증서를 써서 그의 손에 주고 그를 자기 집에서 내보낼 것이요

✡ **127** 전처가 다른 남자와 결혼한 후에는 전처와 다시 결혼하면 안 된다.

신명기 24:3 ~4 그의 둘째 남편도 그를 미워하여 이혼 증서를 써서 그의 손에 주고 그를 자기 집에서 내보냈거나 또는 그를 아내로 맞이한 둘째 남편이 죽었다 하자 그 여자는 이미 몸을 더럽혔은즉 그를 내보낸 전남편이 그를 다시 아내로 맞이하지 말지니 이 일은 여호와 앞에 가증한 것이라...

형제가 자식이 없이 죽으면 그 과부(제수, 형수)와 결혼해라.

신명기 25:5 형제들이 함께 사는데 그 중 하나가 죽고 아들이 없거든 그 죽은 자의 아내는
나가서 타인에게 시집가지 말 것이요 그의 남편의 형제가 그에게로 들어가서
그를 맞이하여 아내로 삼아 그의 남편의 형제 된 의무를 그에게 다 행할 것이
요

 그 과부(제수, 형수)와 결혼하기 싫다면, 장로들 앞에서 신을 벗기
고 침을 뱉으며 '형제의 집을 세우지 않는 자는 이렇게 될 것이
다'라고 말해라.

신명기 25:9 그의 형제의 아내가 장로들 앞에서 그에게 나아가서 그의 발에서 신을 벗기
고 그의 얼굴에 침을 뱉으며 이르기를 그의 형제의 집을 세우기를 즐겨 아니
하는 자에게는 이같이 할 것이라 하고

 그 과부는 남편의 형제가 결정하기 전까지 다시 결혼해서는 안
된다.

신명기 25:5 형제들이 함께 사는데 그 중 하나가 죽고 아들이 없거든 그 죽은 자의 아내는
나가서 타인에게 시집가지 말 것이요 그의 남편의 형제가 그에게로 들어가서
그를 맞이하여 아내로 삼아 그의 남편의 형제 된 의무를 그에게 다 행할 것이
요

 법원은 성적으로 처녀를 유혹한 남자에게 벌금을 부과해야
한다.

출애굽기 22:15 그 임자가 그것과 함께 있었으면 배상하지 아니할지니라 만일 세 낸 것이면
~ 16 세로 족하니라 사람이 약혼하지 아니한 처녀를 꾀어 동침하였으면 납폐금을
주고 아내로 삼을 것이요

 강간범은 피해자가 미혼이라면 그 피해자와 결혼해야 한다.

신명기 22:29 이스라엘 처녀에게 누명을 씌움으로 말미암아 그에게서 은 일백 세겔을 벌금
으로 받아 여자의 아버지에게 주고 그 여자는 그 남자가 평생에 버릴 수 없는
아내가 되게 하려니와

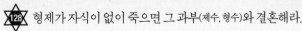 그는 그녀와 절대 이혼할 수 없다.

신명기 22:29 이스라엘 처녀에게 누명을 씌움으로 말미암아 그에게서 은 일백 세겔을 벌금
으로 받아 여자의 아버지에게 주고 그 여자는 그 남자가 평생에 버릴 수 없는
아내가 되게 하려니와

134 아내의 처녀성에 누명을 씌운 자는 결혼한 채로 있어야 한다.

신명기 22:19 이스라엘 처녀에게 누명을 씌움으로 말미암아 그에게서 은 일백 세겔을 벌금으로 받아 여자의 아버지에게 주고 그 여자는 그 남자가 평생에 버릴 수 없는 아내가 되게 하려니와

135 그는 그녀와 이혼하면 안 된다.

신명기 22:19 이스라엘 처녀에게 누명을 씌움으로 말미암아 그에게서 은 일백 세겔을 벌금으로 받아 여자의 아버지에게 주고 그 여자는 그 남자가 평생에 버릴 수 없는 아내가 되게 하려니와

136 의심이 생기면 의심의 제사를 해라.

민수기 5:30 또는 그 남편이 의심이 생겨서 자기의 아내를 의심할 때에 그 여인을 여호와 앞에 두고 제사장이 법대로 행할 것이라

137 그 제사에 기름을 넣지 마라.

민수기 5:15 그의 아내를 데리고 제사장에게로 가서 그를 위하여 보리 가루 십분의 일 에바를 헌물로 드리되 그것에 기름도 붓지 말고 유향도 두지 말라 이는 의심의 소제요 죄악을 기억나게 하는 기억의 소제

138 그 제사에 유향을 넣지 마라.

민수기 5:15 그의 아내를 데리고 제사장에게로 가서 그를 위하여 보리 가루 십분의 일 에바를 헌물로 드리되 그것에 기름도 붓지 말고 유향도 두지 말라 이는 의심의 소제요 죄악을 기억나게 하는 기억의 소제

139 너의 어머니와 성관계를 갖지 마라.

레위기 18:7 네 어머니의 하체는 곧 네 아버지의 하체이니 너는 범하지 말라 그는 네 어머니인즉 너는 그의 하체를 범하지 말지니라

140 너의 아버지의 부인과 성관계를 갖지 마라.

레위기 18:8 너는 네 아버지의 아내의 하체를 범하지 말라 이는 네 아버지의 하체니라

141 너의 여동생이나 누나와 성관계를 갖지 마라.

레위기 18:9 너는 네 자매 곧 네 아버지의 딸이나 네 어머니의 딸이나 집에서나 다른 곳에서 출생하였음을 막론하고 그들의 하체를 범하지 말지니라

142 너의 아버지의 아내의 딸과 성관계를 갖지 마라.

레위기 18:11 네 아버지의 아내가 네 아버지에게 낳은 딸은 네 누이니 너는 그의 하체를 범하지 말지니라

143 너의 아들의 딸과 성관계를 갖지 마라.

레위기 18:10 네 손녀나 네 외손녀의 하체를 범하지 말라 이는 네 하체니라

144 너의 딸과 성관계를 갖지 마라.

레위기 18:10 네 손녀나 네 외손녀의 하체를 범하지 말라 이는 네 하체니라

145 너의 손녀와 성관계를 갖지 마라.

레위기 18:10 네 손녀나 네 외손녀의 하체를 범하지 말라 이는 네 하체니라

146 여인을 그녀의 딸과 함께 성관계를 갖지 마라.

레위기 18:17 너는 여인과 그 여인의 딸의 하체를 아울러 범하지 말며 또 그 여인의 손녀나 외손녀를 아울러 데려다가 그의 하체를 범하지 말라 그들은 그의 살붙이이니 이는 악행이니라

147 여인을 그녀의 아들의 딸과 함께 성관계를 갖지 마라.

레위기 18:17 너는 여인과 그 여인의 딸의 하체를 아울러 범하지 말며 또 그 여인의 손녀나 외손녀를 아울러 데려다가 그의 하체를 범하지 말라 그들은 그의 살붙이이니 이는 악행이니라

148 여인을 그녀의 손녀와 함께 성관계를 갖지 마라.

레위기 18:17 너는 여인과 그 여인의 딸의 하체를 아울러 범하지 말며 또 그 여인의 손녀나 외손녀를 아울러 데려다가 그의 하체를 범하지 말라 그들은 그의 살붙이이니 이는 악행이니라

149 너의 아버지의 누나나 여동생과 성관계를 갖지 마라.

레위기 18:12 너는 네 고모의 하체를 범하지 말라 그는 네 아버지의 살붙이니라

150 너의 어머니의 누나나 여동생과 성관계를 갖지 마라.

레위기 18:13 너는 네 이모의 하체를 범하지 말라 그는 네 어머니의 살붙이니라

151 너의 아버지의 형제의 아내와 성관계를 갖지 마라.

레위기 18:14 너는 네 아버지 형제의 아내를 가까이 하여 그의 하체를 범하지 말라 그는 네 숙모니라

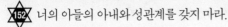 너의 아들의 아내와 성관계를 갖지 마라.

레위기 18:5 너는 네 며느리의 하체를 범하지 말라 그는 네 아들의 아내이니 그의 하체를
범하지 말지니라

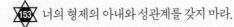 너의 형제의 아내와 성관계를 갖지 마라.

레위기 18:16 너는 네 형제의 아내의 하체를 범하지 말라 이는 네 형제의 하체니라

 너의 아내의 누나나 여동생과 성관계를 갖지 마라.

레위기 18:18 너는 아내가 생존할 동안에 그의 자매를 데려다가 그의 하체를 범하여 그로
질투하게 하지 말지니라

 남자는 절대 짐승과 성관계를 갖지 마라.

레위기 18:23 너는 짐승과 교합하여 자기를 더럽히지 말며 여자는 짐승 앞에 서서 그것과
교접하지 말라 이는 문란한 일이니라

 여자는 절대 짐승과 성관계를 갖지 마라.

레위기 18:23 너는 짐승과 교합하여 자기를 더럽히지 말며 여자는 짐승 앞에 서서 그것과
교접하지 말라 이는 문란한 일이니라

 남자는 절대 남자와 성관계를 갖지 마라.

레위기 18:22 너는 여자와 동침함 같이 남자와 동침하지 말라 이는 가증한 일이니라

158 너의 아버지와 성관계를 갖지 마라.

레위기 18:7 네 어머니의 하체는 곧 네 아버지의 하체이니 너는 범하지 말라 그는 네 어머니인즉 너는 그의 하체를 범하지 말지니라

159 너의 아버지의 형제와 성관계를 갖지 마라.

레위기 18:14 너는 네 아버지 형제의 아내를 가까이 하여 그의 하체를 범하지 말라 그는 네 숙모니라

160 누군가의 아내와 성관계를 갖지 마라.

레위기 18:20 너는 네 이웃의 아내와 동침하여 설정하므로 그 여자와 함께 자기를 더럽히지 말지니라

161 생리 중인 여자와 성관계를 갖지 마라.

레위기 18:19 너는 여인이 월경으로 불결한 동안에 그에게 가까이 하여 그의 하체를 범하지 말지니라

162 유대인이 아닌 사람과 결혼하지 마라.

신명기 7:3 또 그들과 혼인하지도 말지니 네 딸을 그들의 아들에게 주지 말 것이요 그들의 딸도 네 며느리로 삼지 말 것은 그가 네 아들을 유혹하여 그가 여호와를 떠나고 다른 신들을 섬기게 하므로 여호와께서 너희에게 진노하사 갑자기 너희를 멸하실 것임이니라

163 모압이나 암몬 남자가 유대 여인과 결혼하게 하지 마라.

신명기 23:4 그들은 너희가 애굽에서 나올 때에 떡과 물로 너희를 길에서 영접하지 아니하고 메소보다미아의 브돌 사람 브올의 아들 발람에게 뇌물을 주어 너희를 저주하게 하려 하였으나

164 3대째의 이집트인이 결혼함으로써 유대인이 되는 것을 막지 마라.

신명기 23:7 너는 에돔 사람을 미워하지 말라 그는 네 형제임이니라 애굽 사람을 미워하
~8 지 말라 네가 그의 땅에서 객이 되었음이니라 그들의 삼 대 후 자손은 여호와
의 총회에 들어올 수 있느니라

 165 3대째의 에돔인이 결혼함으로써 유대인이 되는 것을 거절하지 마라.

신명기 23:7 너는 에돔 사람을 미워하지 말라 그는 네 형제임이니라 애굽 사람을 미워하
~8 지 말라 네가 그의 땅에서 객이 되었음이니라 그들의 삼 대 후 자손은 여호와
의 총회에 들어올 수 있느니라

 166 불법적으로 태어난 아이가 유대인과 결혼하게 하지 마라.

신명기 23:2 사생자는 여호와의 총회에 들어오지 못하리니 십 대에 이르기까지도 여호와
~3 의 총회에 들어오지 하리라 암몬 사람과 모압 사람은 여호와의 총회에 들어
오지 못하리니 그들에게 속한 자는 십 대뿐 아니라 영원히 여호와의 총회에
들어오지 못하리라

 167 고자가 유대인과 결혼하게 하지 마라.

신명기 23:1 고환이 상한 자나 음경이 잘린 자는 여호와의 총회에 들어오지 못하리라

 168 여호와께 거세된 수컷 동물을 드리지 마라.

레위기 22:24 너희는 고환이 상하였거나 치었거나 터졌거나 베임을 당한 것은 여호와께 드
리지 말며 너희의 땅에서는 이런 일을 행하지도 말지며

 169 대제사장은 과부와 결혼하면 안 된다.

레위기 21:14 과부나 이혼 당한 여자나 창녀 짓을 하는 더러운 여인을 취하지 말고 자기 백
성 중에서 처녀를 취하여 아내를 삼아

170 대제사장은 과부가 이혼했을지라도 성관계를 하면 안 된다.

레위기 21:15 그의 자손이 그의 백성 중에서 속되게 하지 말지니 나는 그를 거룩하게 하는 여호와임이니라

171 대제사장은 숫처녀와 결혼해야 한다.

레위기 21:13 그는 처녀를 데려다가 아내를 삼을지니

172 성직자는 이혼한 여자와 결혼하지 마라.

레위기 21:7 그들은 부정한 창녀나 이혼 당한 여인을 취하지 말지니 이는 그가 여호와 하나님께 거룩함이니라

173 성직자는 창녀와 결혼하지 마라.

레위기 21:7 그들은 부정한 창녀나 이혼 당한 여인을 취하지 말지니 이는 그가 여호와 하나님께 거룩함이니라

174 성직자는 더러운 여자와 결혼하면 안 된다.

레위기 21:7 그들은 부정한 창녀나 이혼 당한 여인을 취하지 말지니 이는 그가 여호와 하나님께 거룩함이니라

175 금지된 여자와 (성적으로) 기분 좋은 접촉을 만들지 말라.

레위기 18:6 각 사람은 자기의 살붙이를 가까이 하여 그의 하체를 범하지 말라 나는 여호와이니라

7: 음식

예수께서 이르시되 너희도 이렇게 깨달음이 없느냐 무엇이든지 밖에서 들어가는 것이 능히 사람을 더럽게 하지 못함을 알지 못하느냐

이는 마음으로 들어가지 아니하고 배로 들어가 뒤로 나감이라 이러므로 모든 음식물을 깨끗하다 하시니라

또 이르시되 사람에게서 나오는 그것이 사람을 더럽게 하느니라

속에서 곧 사람의 마음에서 나오는 것은 악한 생각 곧 음란과 도둑질과 살인과 간음과 탐욕과 악독과 속임과 음탕과 질투와 비방과 교만과 우매함이니 이 모든 악한 것이 다 속에서 나와서 사람을 더럽게 하느니라

: 마태복음 7:18~23

176 성경적으로 먹을 수 있는 동물과 아닌 동물의 특징을 구별하기 위해 조사해라.

레위기 11:2 이스라엘 자손에게 말하여 이르라 육지의 모든 짐승 중 너희가 먹을 만한 생물은 이러하니

 177 성경적으로 먹을 수 있는 새와 아닌 새의 특징을 구별 하기 위해 조사해라.

신명기 14:11 ~ 18 정한 새는 모두 너희가 먹으려니와 이런 것은 먹지 못할지니 곧 독수리와 솔개와 물수리와 매와 새매와 매의 종류와 까마귀 종류와 타조와 타흐마스와 갈매기와 새매 종류와 올빼미와 부엉이와 흰 올빼미와 당아와 올응과 노자와 학과 황새 종류와 대숭과 박쥐며

 178 성경적으로 먹을 수 있는 물고기와 아닌 물고기의 특징을 구별 하기 위해 조사해라.

레위기 11:9 물에 있는 모든 것 중에서 너희가 먹을 만한 것은 이것이니 강과 바다와 다른 물에 있는 모든 것 중에서 지느러미와 비늘 있는 것은 너희가 먹되

 179 성경적으로 먹을 수 있는 곤충과 아닌 곤충의 특징을 구별 하기 위해 조사해라.

레위기 11:21 다만 날개가 있고 네 발로 기어다니는 모든 곤충 중에 그 발에 뛰는 다리가 있어서 땅에서 뛰는 것은 너희가 먹을지니

 180 성경적으로 먹을 수 없는 동물을 먹지 마라.

레위기 11:4 새김질하는 것이나 굽이 갈라진 짐승 중에도 너희가 먹지 못할 것은 이러하니 낙타는 새김질은 하되 굽이 갈라지지 아니하였으므로 너희에게 부정하고

 181 성경적으로 먹을 수 없는 새를 먹지 마라.

레위기 11:13 새 중에 너희가 가증히 여길 것은 이것이라 이것들이 가증한즉 먹지 말지니 곧 독수리와 솔개와 물수리와

 성경적으로 먹을 수 없는 물고기를 먹지 마라.

레위기 11:11 이들은 너희에게 가증한 것이니 너희는 그 고기를 먹지 말고 그 주검을 가증히 여기라

 성경적으로 먹을 수 없는 곤충을 먹지 마라.

신명기 14:19 또 날기도 하고 기어다니기도 하는 것은 너희에게 부정하니 너희는 먹지 말 것이나

 성경적으로 먹을 수 없는 기어다니는 것을 먹지 마라.

레위기 11:41 땅에 기어다니는 모든 길짐승은 가증한즉 먹지 못할지니

 성경적으로 먹을 수 없는 구더기를 먹지 마라.

레위기 11:44 나는 여호와 너희의 하나님이라 내가 거룩하니 너희도 몸을 구별하여 거룩하게 하고 땅에 기는 길짐승으로 말미암아 스스로 더럽히지 말라

 과일 속이나 땅에 있는 벌레를 먹지 마라.

레위기 11:42 곧 땅에 기어다니는 모든 기는 것 중에 배로 밀어 다니는 것이나 네 발로 걷는 것이나 여러 발을 가진 것이라 너희가 먹지 말지니 이것들은 가증함이니라

 성경적으로 먹을 수 있는 물고기를 제외하고 물에 있는 어떤 생물도 먹지 마라.

레위기 11:10 물에서 움직이는 모든 것과 물에서 사는 모든 것 곧 강과 바다에 있는 것으로서 지느러미와 비늘 없는 모든 것은 너희에게 가증한 것이라

188 종교 의식으로 죽인 동물의 고기를 먹지 마라.

신명기 14:21 너희는 너희의 하나님 여호와의 성민이라 스스로 죽은 모든 것은 먹지 말 것이나 그것을 성중에 거류하는 객에게 주어 먹게 하거나 이방인에게 파는 것은 가하니라 너는 염소 새끼를 그 어미의 젖에 삶지 말지니라

189 비난 받아 돌 맞아 죽은 소로 이득을 취하지 마라.

출애굽기 21:2 네가 히브리 종을 사면 그는 여섯 해 동안 섬길 것이요 일곱째 해에는 몸값을 물지 않고 나가 자유인이 될 것이며

190 치명적인 상처를 입은 동물의 고기를 먹지 마라.

출애굽기 22:30 네 소와 양도 그와 같이 하되 이레 동안 어미와 함께 있게 하다가 여드레만에 내게 줄지니라 너희는 내게 거룩한 사람이 될지니 들에서 짐승에게 찢긴 동물의 고기를 먹지 말고 그것을 개에게 던질지니라

191 살아있는 동물의 팔이나 다리를 뜯어내 먹지 마라.

신명기 12:23 다만 크게 삼가서 그 피는 먹지 말라 피는 그 생명인즉 네가 그 생명을 고기와 함께 먹지 못하리니

192 피를 먹지 마라.

레위기 3:17 너희는 기름과 피를 먹지 말라 이는 너희의 모든 처소에서 너희 대대로 지킬 영원한 규례니라

193 먹어도 되는 동물의 특정한 부위의 지방(기름)을 먹지 마라.

레위기 3:17 너희는 기름과 피를 먹지 말라 이는 너희의 모든 처소에서 너희 대대로 지킬 영원한 규례니라

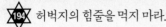 허벅지의 힘줄을 먹지 마라.

창세기 32:32 그 사람이 야곱의 허벅지 관절에 있는 둔부의 힘줄을 쳤으므로 이스라엘 사
람들이 지금까지 허벅지 관절에 있는 둔부의 힘줄을 먹지 아니하더라

 우유와 소고기가 함께 요리된 음식을 먹지 마라.

출애굽기 23:19 네 토지에서 처음 거둔 열매의 가장 좋은 것을 가져다가 너의 하나님 여호와
의 전에 드릴지니라 너는 염소 새끼를 그 어미의 젖으로 삶지 말지니라

 소고기와 우유를 함께 요리하지 마라.

출애굽기 34:26 네 토지 소산의 처음 익은 것을 가져다가 네 하나님 여호와의 전에 드릴지며
너는 염소 새끼를 그 어미의 젖으로 삶지 말지니라

 오메르(유월절의 둘째 날부터 49일이 지난 날) 이전에는 새로운 곡식으
로 만든 빵을 먹지 않는다.

레위기 23:14 너희는 너희 하나님께 예물을 가져오는 그 날까지 떡이든지 볶은 곡식이든지
생 이삭이든지 먹지 말지니 이는 너희가 거주하는 각처에서 대대로 지킬 영
원한 규례니라

 오메르(유월절의 둘째 날부터 49일이 지난 날) 이전에는 새로운 곡식으
로 만든 마른 곡식을 먹지 마라.

레위기 23:14 너희는 너희 하나님께 예물을 가져오는 그 날까지 떡이든지 볶은 곡식이든지
생 이삭이든지 먹지 말지니 이는 너희가 거주하는 각처에서 대대로 지킬 영
원한 규례니라

 오메르(유월절의 둘째 날부터 49일이 지난 날) 이전에는 새로운 곡식으
로 만든 익은 곡식을 먹지 마라.

레위기 23:14 너희는 너희 하나님께 예물을 가져오는 그 날까지 떡이든지 볶은 곡식이든지
생 이삭이든지 먹지 말지니 이는 너희가 거주하는 각처에서 대대로 지킬 영
원한 규례니라

8: 농사와 축사 1

밭은 세상이요 좋은 씨는 천국의 아들들이요 가라지는

악한 자의 아들들이요 가라지를 뿌린 원수는 마귀요 추

수 때는 세상 끝이요 추수꾼은 천사들이니

그런즉 가라지를 거두어 불에 사르는 것같이 세상 끝에

도 그러하리라

: 마태복음 13:38~40

200 (농사할 때, 그 땅에서) 첫 삼 년간은 나무의 과일을 먹지 마라.

레위기 19:23　너희가 그 땅에 들어가 각종 과목을 심거든 그 열매는 아직 할례 받지 못한 것으로 여기되 곧 삼 년 동안 너희는 그것을 할례 받지 못한 것으로 여겨 먹지 말 것이요

 201 한 밭에 다양한 씨앗을 심지 마라.

신명기 22:9　네 포도원에 두 종자를 섞어 뿌리지 말라 그리하면 네가 뿌린 씨의 열매와 포도원의 소산을 다 빼앗길까 하노라

 202 10분의 1이 구분되지 않은 과일을 먹지 마라.

레위기 22:15　이스라엘 자손이 여호와께 드리는 성물을 그들은 속되게 하지 말지니

 203 우상을 위해 부어진 술을 마시지 마라.

신명기 32:32　이는 그들의 포도나무는 소돔의 포도나무요 고모라의 밭의 소산이라 그들의 포
~ 33　도는 독이 든 포도이니 그 송이는 쓰며 그들의 포도주는 뱀의 독이요 독사의 맹독이라...그들의 제물의 기름을 먹고 그들의 전제의 제물인 포도주를 마시던 자들이 일어나 너희를 돕게 하고 너희를 위해 피난처가 되게 하라

 204 동물을 먹기 전에 의식에 따라 도살한다.

신명기 12:21　만일 네 하나님 여호와께서 자기 이름을 두시려고 택하신 곳이 네게서 멀거든 내가 네게 명령한 대로 너는 여호와께서 주신 소와 양을 잡아 네 각 성에서 네가 마음에 원하는 모든 것을 먹되

 205 한 동물과 그 새끼를 같은 날에 죽이지 마라.

레위기 22:28　암소나 암양을 막론하고 어미와 새끼를 같은 날에 잡지 말지니라

206 죽임을 당한 동물이나 물고기의 피를 흙으로 덮어놔라.

레위기 17:13 모든 이스라엘 자손이나 그들 중에 거류하는 거류민이 먹을 만한 짐승이나
새를 사냥하여 잡거든 그것의 피를 흘리고 흙으로 덮을지니라

 207 새끼 새를 잡기 전에 어미 새를 쫓아내라.

신명기 22:6 길을 가다가 나무에나 땅에 있는 새의 보금자리에 새 새끼나 알이 있고 어미
새가 그의 새끼나 알을 품은 것을 보거든 그 어미 새와 새끼를 아울러 취하지
말고

 208 (새끼를 위해) 둥지에 있는 어미 새를 잡지 마라.

신명기 22:7 어미는 반드시 놓아 줄 것이요 새끼는 취하여도 되나니 그리하면 네가 복을
누리고 장수하리라

9: 증거와 맹세

나는 너희에게 이르노니 도무지 맹세하지 말지니 하늘

로도 하지 말라 이는 하나님의 보좌임이요

땅으로도 하지 말라 이는 하나님의 발등상임이요 예루

살렘으로도 하지 말라 이는 큰 임금의 성임이요

네 머리로도 말라 이는 네가 한 터럭도 희고 검게 할 수

없음이라

오직 너희 말은 옳다 옳다, 아니라 아니라 하라 이에서

지나는 것은 악으로부터 나느니라

: 마태복음 5:34~37

209 여호와의 이름으로 거짓된 맹세를 하지 마라.

레위기 19:12 너희는 내 이름으로 거짓 맹세함으로 네 하나님의 이름을 욕되게 하지 말라
나는 여호와이니라

210 함부로 여호와의 이름을 들먹이지 마라.

출애굽기 20:6 나를 사랑하고 내 계명을 지키는 자에게는 천 대까지 은혜를 베푸느니라 너
~7 는 네 하나님 여호와의 이름을 망령되게 부르지 말라 여호와는 그의 이름을
망령되게 부르는 자를 죄 없다 하지 아니하리라

211 맡겨진 물건에 대해 거짓 부인하지 마라.

레위기 19:11 너희는 도둑질하지 말며 속이지 말며 서로 거짓말하지 말며

212 금전적인 주장에 대해 거짓으로 맹세하지 마라.

레위기 19:11 너희는 도둑질하지 말며 속이지 말며 서로 거짓말하지 말며

213 법정에서 진실을 확인하는 데 필요한 경우 신의 이름으로 맹세
해라.

신명기 10:20 네 하나님 여호와를 경외하여 그를 섬기며 그에게 의지하고 그의 이름으로
맹세하라

214 맹세한 것은 지켜라.

신명기 23:24 네 이웃의 포도원에 들어갈 때에는 마음대로 그 포도를 배불리 먹어도 되느
니라 그러나 그릇에 담지는 말 것이요

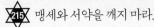 맹세와 서약을 깨지 마라.

민수기 30:2 사람이 여호와께 서원하였거나 결심하고 서약하였으면 깨뜨리지 말고 그가
~4 입으로 말한 대로 다 이행할 것이니라 또 여자가 만일 어려서 그 아버지 집에
있을 때에 여호와께 서원한 일이나 스스로 결심하려고 한 일 있다고 하자
그의 아버지가 그의 서원이나 그가 결심한 서약을 듣고도 그에게 아무 말이
없으면 그의 모든 서원을 행할 것이요 그가 결심한 서약을 지킬 것이니라

 토라에 맹세와 서약을 취소하기 위한 명백한 법규가 있다.

민수기 30:3 또 여자가 만일 어려서 그 아버지 집에 있을 때에 여호와께 서원한 일이나 스
~16 스로 결심하려고 한 일 있다고 하자 그의 아버지가 그의 서원이나 그가 결심
한 서약을 듣고도 그에게 아무 말이 없으면 그의 모든 서원을 행할 것이요 그
가 결심한 서약을 지킬 것이니라 그러나 그의 아버지가 그것을 듣는 날에 허
락하지 아니하면 그의 서원과 결심한 서약을 이루지 못 할 것이니 그의 아버
지가 허락하지 아니하였은즉 여호와께서 사하시리라 또 혹시 남편을 맞을 때
에 서원이나 결심한 서약을 경솔하게 그의 입술로 말하였으면 그의 남편이
그것을 듣고 그 듣는 날에 그에게 아무 말이 없으면 그 서원을 이행할 것이요
그가 결심한 서약을 지킬 것이니라 그러나 그의 남편이 그것을 듣는 날에 허
락하지 아니하면 그 서원과 결심하려고 경솔하게 입술로 말한 서약은 무효가
될 것이니 여호와께서 그 여자를 사하시리라 과부나 이혼 당한 여자의 서원
이나 그가 결심한 모든 서약은 지킬 것이니라 부녀가 혹시 그의 남편의 집에
서 서원을 하였다든지 결심하고 서약을 하였다 하자 그의 남편이 그것을 듣
고도 아무 말이 없고 금하지 않으면 그 서원은 다 이행할 것이요 그가 결심한
서약은 다 지킬 것이니라 그러나 그의 남편이 그것을 듣는 날에 무효하게 하
면 그 서원과 결심한 일에 대하여 입술로 말한 것을 아무 것도 이루지 못하나
니 그의 남편이 그것을 무효하게 하였은즉 여호와께서 그 부녀를 사하시느니
라 모든 서원과 마음을 자제하기로 한 모든 서약은 그의 남편이 그것을 지키
게도 할 수 있고 무효하게도 할 수 있으니 그의 남편이 여러 날이 지나도록 말
이 없으면 아내의 서원과 스스로 말이 없으면 아내의 서원과 스스로 결심한
일을 지키게 하는 것이니 이는 그가 그것을 들을 때에 그의 아내에게 아무 말
도 아니하였음으로 지키게 됨이니라 그러나 그의 남편이 들은 지 얼마 후에
그것을 무효하게 하며 그가 아내의 죄를 담당할 것이니라 이는 여호와께서
모세에게 명령하신 규례니 남편이 아내에게, 아버지가 자기 집에 있는 어린
딸에 대한 것이니라

10: 나실인

그러나 너희에게 이르노니 내가 포도나무에서 난 것을

이제부터 내 아버지의 나라에서 새 것으로 너희와 함께

마시는 날까지 마시지 아니하리라 하시니라

거기 신 포도주가 가득히 담긴 그릇이 있는지라 사람들

이 신 포도주를 적신 해면을 우슬초에 매어 예수의 입에

대니 예수께서 신 포도주를 받으신 후에 이르시되 다 이

루었다 하시고 머리를 숙이니 영혼이 떠나가시니라

: 마태복음 26:29, 요한복음 19:30~31

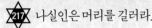 나실인은 머리를 길러라.

민수기 6:5 그 서원을 하고 구별하는 모든 날 동안은 삭도를 절대로 그의 머리에 대지 말
것이라 자기 몸을 구별하여 여호와께 드리는 날이 차기까지 그는 거룩한즉
그의 머리털을 길게 자라게 할 것이며

 나실인은 머리를 자르면 안 된다.

민수기 6:5 그 서원을 하고 구별하는 모든 날 동안은 삭도를 절대로 그의 머리에 대지 말
것이라 자기 몸을 구별하여 여호와께 드리는 날이 차기까지 그는 거룩한즉
그의 머리털을 길게 자라게 할 것이며

 나실인은 포도주나, 포도주가 혼합된 것이나, 포도주 식초를 먹
지 마라.

민수기 6:3 포도주와 독주를 멀리하며 포도주로 된 초나 독주로 된 초를 마시지 말며 포
도즙도 마시지 말며 생포도나 건포도도 먹지 말지니

 나실인은 포도를 먹지 마라.

민수기 6:3 포도주와 독주를 멀리하며 포도주로 된 초나 독주로 된 초를 마시지 말며 포
도즙도 마시지 말며 생포도나 건포도도 먹지 말지니

 나실인은 건포도를 먹지 마라.

민수기 6:3 포도주와 독주를 멀리하며 포도주로 된 초나 독주로 된 초를 마시지 말며 포
도즙도 마시지 말며 생포도나 건포도도 먹지 말지니

 나실인은 포도씨를 먹지 마라.

민수기 6:4 자기 몸을 구별하는 모든 날 동안에는 포도나무 소산은 씨나 껍질이라도 먹
지 말지며

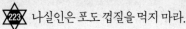

✡ 223 나실인은 포도 껍질을 먹지 마라.

민수기 6:4 자기 몸을 구별하는 모든 날 동안에는 포도나무 소산은 씨나 껍질이라도 먹지 말지며

✡ 224 나실인은 시체와 한지붕 아래에 있지 마라.

민수기 6:6 자기의 몸을 구별하여 여호와께 드리는 모든 날 동안은 시체를 가까이 하지 말 것이요

✡ 225 나실인은 시체를 만지러 가면 안 된다.

민수기 6:7 그의 부모 형제 자매가 죽은 때에라도 그로 말미암아 몸을 더럽히지 말 것이니 이는 자기의 몸을 구별하여 하나님께 드리는 표가 그의 머리에 있음이라

✡ 226 나실인은 나실인 기간이 끝나고 제물을 드린 뒤에 그의 머리를 밀어야 한다.

민수기 6:18 자기의 몸을 구별한 나실인은 회막 문에서 자기의 머리털을 밀고 그것을 화목제물 밑에 있는 불에 둘지며

11: 제사1

예수는 영원히 계시므로 그 제사장 직분도 갈리지 아니
하느니라

그러므로 자기를 힘입어 하나님께 나아가는 자들을 온
전히 구원하실 수 있으니 이는 그가 항상 살아 계셔서 그
들을 위하여 간구하심이라

이러한 대제사장은 우리에게 합당하니 거룩하고 악이
없고 더러움이 없고 죄인에게서 떠나 계시고 하늘보다
높이 되신 이라

그는 저 대제사장들이 먼저 자기 죄를 위하고 다음에 백
성의 죄를 위하여 날마다 제사 드리는 것과 같이 할 필요
가 없으니 이는 그가 단번에 자기를 드려 이루셨음이라

: 히브리서 7:24~27

227 토라에 의해 정해진 대로 사람의 가치를 계산해라.

레위기 27:2 이스라엘 자손에게 말하여 이르라 만일 어떤 사람이 사람의 값을 여호와께
드리기로 분명히 서원하였으면 너는 그 값을 정할지니

228 바칠 동물의 가치를 계산해라.

레위기 27:12 제사장은 우열간에 값을 정할지니 그 값이 제사장의 정한대로 될 것이며
~13 만일 그가 그것을 무르려면 네가 정한 값에 그 오분의 일을 더할지니라

229 바칠 집의 가치를 계산해라.

레위기 27:14 만일 어떤 사람이 자기 집을 성별하여 여호와께 드리려하면 제사장이 그 우
열간에 값을 정할지니 그 값은 제사장이 정한 대로 될 것이며

230 바칠 땅의 가치를 계산해라.

레위기 27:16 만일 어떤 사람이 자기 기업의 밭 얼마를 성별하여 여호와께 드리려하면 마
지기 수대로 네가 값을 정하되 보리 한 호멜지기에는 은 오십 세겔로 계산할
지며

 231 바쳐진 물건에 대한 법을 행해라.

레위기 27:28 어떤 사람이 자기 소유 중에서 오직 여호와께 온전히 바친 모든 것은 사람이
든지 가축이든지 기업의 밭이든지 팔지도 못하고 무르지도 못하나니 바친 것
은 다 여호와께 지극히 거룩함이며

232 바쳐진 물건을 팔지 마라.

레위기 27:28 어떤 사람이 자기 소유 중에서 오직 여호와께 온전히 바친 모든 것은 사람이
든지 가축이든지 기업의 밭이든지 팔지도 못하고 무르지도 못하나니 바친 것
은 다 여호와께 지극히 거룩함이며

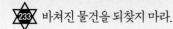 바쳐진 물건을 되찾지 마라.

레위기 27:28 어떤 사람이 자기 소유 중에서 오직 여호와께 온전히 바친 모든 것은 사람이
든지 가축이든지 기업의 밭이든지 팔지도 못하고 무르지도 못하나니 바친 것
은 다 여호와께 지극히 거룩함이며

12: 농사와 축사2

무리가 물어 이르되 그리하면 우리가 무엇을 하리이까

대답하여 이르되 옷 두 벌 있는 자는 옷 없는 자에게 나

눠 줄 것이요 먹을 것이 있는 자도 그렇게 할 것이니라

하고

: 누가복음 3:10~11

여러 종류의 씨앗을 함께 심지 마라.

레위기 19:19 너희는 내 규례를 지킬지어다 네 가축을 다른 종류와 교미시키지 말며 네 밭에 두 종자를 섞어 뿌리지 말며 두 재료로 직조한 옷을 입지 말지며

 씨앗이나 채소들을 한 포도밭에 심지 마라.

신명기 22:9 네 포도원에 두 종자를 섞어 뿌리지 말라 그리하면 네가 뿌린 씨의 열매와 포도원의 소산을 다 빼앗길까 하노라

 동물을 이종교배하지 마라.

레위기 19:19 너희는 내 규례를 지킬지어다 네 가축을 다른 종류와 교미시키지 말며 네 밭에 두 종자를 섞어 뿌리지 말며 두 재료로 직조한 옷을 입지 말지며

 다른 종류의 동물을 함께 일하게 하지 마라.

신명기 22:10 너는 소와 나귀를 겨리하여 갈지 말며

 샤트네즈(shatnez)처럼 울과 마로 섞어짠 옷을 입지 마라.

신명기 22:11 양털과 베 실로 섞어 짠 것을 입지 말지니라

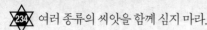 가난한 사람들을 위해 밭의 모퉁이를 남겨둬라.

레위기 19:10 네 포도원의 열매를 다 따지 말며 네 포도원에 떨어진 열매도 줍지 말고 가난한 사람과 거류민을 위하여 버려두라 나는 너희의 하나님 여호와이니라

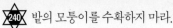

240 밭의 모퉁이를 수확하지 마라.

레위기 19:9 너희가 너희의 땅에서 곡식을 거둘 때에 너는 밭 모퉁이까지 다 거두지 말고 네 떨어진 이삭도 줍지 말며

241 땅에 떨어진 작물은 남겨둬라.

레위기 19:9 너희가 너희의 땅에서 곡식을 거둘 때에 너는 밭 모퉁이까지 다 거두지 말고 네 떨어진 이삭도 줍지 말며

242 땅에 떨어진 작물을 수확하지 마라.

레위기 19:9 너희가 너희의 땅에서 곡식을 거둘 때에 너는 밭 모퉁이까지 다 거두지 말고 네 떨어진 이삭도 줍지 말며

243 충분히 익지 않은 포도송이는 남겨둬라.

레위기 19:10 네 포도원의 열매를 다 따지 말며 네 포도원에 떨어진 열매도 줍지 말고 가난 한 사람과 거류민을 위하여 버려두라 나는 너희의 하나님 여호와이니라

244 충분히 익지 않은 포도송이는 따지 마라.

레위기 19:10 네 포도원의 열매를 다 따지 말며 네 포도원에 떨어진 열매도 줍지 말고 가난 한 사람과 거류민을 위하여 버려두라 나는 너희의 하나님 여호와이니라

245 포도원에서 땅에 떨어진 것은 남겨둬라.

레위기 19:10 네 포도원의 열매를 다 따지 말며 네 포도원에 떨어진 열매도 줍지 말고 가난 한 사람과 거류민을 위하여 버려두라 나는 너희의 하나님 여호와이니라

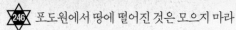 **246** 포도원에서 땅에 떨어진 것은 모으지 마라

레위기 19:10 네 포도원의 열매를 다 따지 말며 네 포도원에 떨어진 열매도 줍지 말고 가난
한 사람과 거류민을 위하여 버려두라 나는 너희의 하나님 여호와이니라

 247 밭에서 갖고 오는 걸 잊은 곡식의 단은 남겨둬라.

신명기 24:19 네가 밭에서 곡식을 벨 때에 그 한 뭇을 밭에 잊어버렸거든 다시 가서 가져오
지 말고 나그네와 고아와 과부를 위하여 남겨두라 그리하면 네 하나님 여호
와께서 네 손으로 하는 모든 일에 복을 내리시리라

 248 그 곡식을 되찾으려고 하지마라.

신명기 24:19 네가 밭에서 곡식을 벨 때에 그 한 뭇을 밭에 잊어버렸거든 다시 가서 가져오
지 말고 나그네와 고아와 과부를 위하여 남겨두라 그리하면 네 하나님 여호
와께서 네 손으로 하는 모든 일에 복을 내리시리라

13 : 십일조, 헌금

어찌 나와 바나바만 일하지 아니할 권리가 없겠느냐

누가 자기 비용으로 군 복무를 하겠느냐 누가 포도를 심

고 그 열매를 먹지 않겠느냐 누가 양 떼를 기르고 그 양

떼의 젖을 먹지 않겠느냐

내가 사람의 예대로 이것을 말하느냐 율법도 이것을 말

하지 아니하느냐 모세의 율법에 곡식을 밟아 떠는 소에

게 망을 씌우지 말라 기록하였으니 하나님께서 어찌 소

들을 위하여 염려하심이냐 오로지 우리를 위하여 말씀

하심이 아니냐 ...

우리가 너희에게 신령한 것을 뿌렸은즉 너희의 육적인

것을 거두기로 과하다 하겠느냐 다른 이들도 너희에게

이런 권리를 가졌거든 하물며 우리일까보냐 그러나 우

리가 이 권리를 쓰지 아니하고 범사에 참는 것은 그리스

도의 복음에 아무 장애가 없게 하려 함이로다

: 고린도 전서 9:6~12

가난한 사람을 위한 십일조를 따로 떼어놔라.

신명기 14:28 매 삼 년 끝에 그 해 소산의 십 분의 일을 다 내어 네 성읍에 저축하여 너희 중
~ 29 에 분깃이나 기업이 없는 레위인과 네 성중에 거류하는 객과 및 고아와 과부
들이 와서 먹고 배부르게 하라 그리하면 네 하나님 여호와께서 네 손으로 하
는 범사에 네게 복을 주시리라

 자선을 베풀어라.

신명기 15:7 하나님 여호와께서 네게 주신 땅 어느 성읍에서든지 가난한 형제가 너와 함
~ 8 께 거주하거든 그 가난한 형제에게 네 마음을 완악하게 하지 말며 네 손을 움
켜 쥐지 말고 반드시 네 손을 그에게 펴서 그에게 필요한 대로 쓸 것을 넉넉히
꾸어주라

 가난한 사람을 위한 자선을 안 하지 마라.

신명기 15:7 네 하나님 여호와께서 네게 주신 땅 어느 성읍에서든지 가난한 형제가 너와
함께 거주하거든 그 가난한 형제에게 네 마음을 완악하게 하지 말며 네 손을
움켜 쥐지 말고 반드시 네 손을 그에게 펴서 그에게 필요한 대로 쓸 것을 넉넉
히 꾸어주라

 감사 헌금, 성직자를 위한 헌금을 따로 떼어둬라.

신명기 18:3 제사장이 백성에게서 받을 응식은 이러하니 곧 그 드리는 제물의 소나 양이
~ 4 나 그 앞다리와 두 볼과 위라 이것을 제사장에게 줄 것이요 또 네가 처음 거둔
곡식과 포도주와 기름과 네가 처음 깎은 양털을 네가 그에게 줄 것이니

 레위인(성직자)도 십일조를 따로 떼어놔야 한다.

민수기 18:26 너는 레위인에게 말하여 그에게 이르라 내가 이스라엘 자손에게 받아 너희에
게 기업으로 준 십일조를 너희가 그들에게서 받을 때에 그 십일조의 십일조
를 거제로 여호와께 드릴 것이라

 다음 소득을 위해 미리 십일조를 떼놓지 말고, 각각의 소득에서
십일조를 떼라.

출애굽기 22:29 너는 네가 추수한 것과 네가 짜낼 즙을 바치기를 더디하지 말며 네 처음 난 아
~ 30 들들을 내게 줄지며 네 소와 양도 그와 같이 하되 이레 동안 어미와 함께 있게 하
다가 여드레만에 내게 줄지니라 너희는 내게 거룩한 사람이 될지니 들에서 짐
승에게 찢긴 동물의 고기를 먹지 말고 그것을 개에게 던질지니라

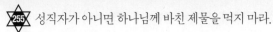

255 성직자가 아니면 하나님께 바친 제물을 먹지 마라.

레위기 22:10 일반인은 성물을 먹지 못할 것이며 제사장의 객이나 품꾼도 다 성물을 먹지
못할 것이니라

256 고용된 사람이나 성직자의 노예는 하나님께 바친 제물을 먹지
마라.

레위기 22:10 일반인은 성물을 먹지 못할 것이며 제사장의 객이나 품꾼도 다 성물을 먹지
못할 것이니라

257 할례받지 않은 성직자는 하나님께 바친 제물을 먹지 마라.

출애굽기 12:48 너희와 함께 거류하는 타국인이 여호와의 유월절을 지키고자 하거든 그 모든
남자는 할례를 받은 후에야 가까이 하여 지킬지니 곧 그는 본토인과 같이 될
것이나 할례 받지 못한 자는 먹지 못할 것이니라

258 부정한 성직자는 하나님께 바친 제물을 먹지 마라.

레위기 22:4 아론의 자손 중 나병 환자나 유출병자는 그가 정결하기 전에는 그 성물을 먹
지 말 것이요 시체의 부정에 접촉된 자나 설정한 자나

259 과부나 이혼한 여자는 하나님께 바친 제물을 먹지 마라.

레위기 22:12 제사장의 딸이 일반인에게 출가하였으면 거제의 성물을 먹지 못하되

260 농작물의 십일조를 따로 떼어서 성직자에게 주어라.

민수기 18:24 이스라엘 자손이 여호와께 거제로 드리는 십일조를 레위인에게 기업으로 주
었으므로 내가 그들에 대하여 말하기를 이스라엘 자손 중에 기업이 없을 것
이라 하였노라

두 번째 십일조(3년에 한 번 또 십일조를 떼는 것)를 따로 떼어놔라.

신명기 14:28 매 삼 년 끝에 그 해 소산의 십 분의 일을 다 내어 네 성읍에 저축하여 너희 중
~ 29 에 분깃이나 기업이 없는 레위인과 네 성중에 거류하는 객과 및 고아와 과부
들이 와서 먹고 배부르게 하라 그리하면 네 하나님 여호와께서 네 손으로 하
는 범사에 네게 복을 주시리라

 두 번째 십일조를 갚기 위해서 돈을 쓰지 말고, 음식이나 음료수,
기름, 연고를 써라.

신명기 26:14 내가 애곡하는 날에 이 성물을 먹지 아니하였고 부정한 몸으로 이를 떼어두
지 아니하였고 죽은 자를 위하여 이를 쓰지 아니하였고 내 하나님 여호와의
말씀을 청종하여 주께서 내게 명령하신 대로 다 행하였사오니

 부정한 때에 두 번째 십일조를 먹지 마라.

신명기 26:14 내가 애곡하는 날에 이 성물을 먹지 아니하였고 부정한 몸으로 이를 떼어두
지 아니하였고 죽은 자를 위하여 이를 쓰지 아니하였고 내 하나님 여호와의
말씀을 청종하여 주께서 내게 명령하신 대로 다 행하였사오니

 장례식의 첫째 날에 슬퍼하는 사람은 두 번째 십일조를 먹지 마
라.

신명기 26:14 내가 애곡하는 날에 이 성물을 먹지 아니하였고 부정한 몸으로 이를 떼어두
지 아니하였고 죽은 자를 위하여 이를 쓰지 아니하였고 내 하나님 여호와의
말씀을 청종하여 주께서 내게 명령하신 대로 다 행하였사오니

 두 번째 십일조의 곡물을 예루살렘 밖에서 먹지 마라.

신명기 12:17 너는 곡식과 포도주와 기름의 십일조와 네 소와 양의 처음 난 것과 네 서원을
~ 18 갚는 예물과 네 낙헌 예물과 네 손의 거제물은 네 각 성에서 먹지 말고 오직 네
하나님 여호와께서 택하실 곳에서...레위인과 함께 그것을 먹고...

 두 번째 십일조의 와인 생산품을 예루살렘 밖에서 먹지 마라.

신명기 12:17 너는 곡식과 포도주와 기름의 십일조와 네 소와 양의 처음 난 것과 네 서원을
~ 18 갚는 예물과 네 낙헌 예물과 네 손의 거제물은 네 각 성에서 먹지 말고 오직 네
하나님 여호와께서 택하실 곳에서...레위인과 함께 그것을 먹고...

267 두 번째 십일조의 기름을 예루살렘 밖에서 먹지 마라.

신명기 12:17
~ 18
너는 곡식과 포도주와 기름의 십일조와 네 소와 양의 처음 난 것과 네 서원을 갚는 예물과 네 낙헌 예물과 네 손의 거제물을 네 각 성에서 먹지 말고 오직 네 하나님 여호와께서 택하실 곳에서...레위인과 함께 그것을 먹고...

268 네 번째 해의 작물은 두 번째 십일조처럼 모두 성스러운 목적을 위하여야 한다.

레위기 19:24
넷째 해에는 그 모든 과실이 거룩하니 여호와께 드려 찬송할 것이며

269 매 네 번째와 일곱 번째 해의 십일조에 대해 정직했음을 고백해라.

신명기 26:13
그리 할 때에 네 하나님 여호와 앞에 아뢰기를 내가 성물을 내 집에서 내어 레위인과 객과 고아와 과부에게 주기를 주께서 내게 명령하신 명령대로 하였사오니 내가 주의 명령을 범하지도 아니하였고 잊지도 아니 하였나이다

270 처음 익은 과일은 따로 둬서 성전을 위해 주어라.

출애굽기 23:19
네 토지에서 처음 거둔 열매의 가장 좋은 것을 가져다가 너의 하나님 여호와의 전에 드릴지니라 너는 염소 새끼를 그 어미의 젖으로 삶지 말지니라

271 성직자는 처음 익은 과일을 예루살렘 밖에서 먹으면 안 된다.

신명기 12:17
너는 곡식과 포도주와 기름의 십일조와 네 소와 양의 처음 난 것과 네 서원을 갚는 예물과 네 낙헌 예물과 네 손의 거제물을 네 각 성에서 먹지 말고

272 모세5경(창세기~신명기)이 나타날 때 읽어라.

신명기 26:5
너는 또 네 하나님 여호와 앞에 아뢰기를 내 조상은 방랑하는 아람 사람으로서 애굽에 내려가 거기에서 소수로 거류하였더니 거기에서 크고 강하고 번성한 민족이 되었는데

273 성직자를 위한 반죽의 몫을 남겨둬라.

민수기 15:20　너희의 처음 익은 곡식 가루떡을 거제로 타작 마당의 거제 같이 들어 드리라

 274 살육된 동물의 앞발과, 엉덩이살과, 막창 부위를 성직자에게 주어라.

신명기 18:3　제사장이 백성에게서 받을 응식은 이러하니 곧 그 드리는 제물의 소나 양이나 그 앞다리와 두 볼과 위라 이것을 제사장에게 줄 것이요

 275 처음 깎은 양털을 성직자에게 주어라.

신명기 18:4　또 네가 처음 거둔 곡식과 포도주와 기름과 네가 처음 깎은 양털을 네가 그에게 줄 것이니

 276 처음 태어난 것을 구하기 위해 성직자에게 돈을 주어라.
(은 5세겔= 11.42그램x5=57.1g 약 5만 5천원)

민수기 18:15　여호와께 드리는 모든 생물의 처음 나는 것은 사람이나 짐승이나 다 네 것이
~ 16　로되 사람의 처음 난 것은 반드시 대속할 것이요 부정한 짐승의 처음 난 것도 대속할 것이며 그 사람을 속할 때에는 난 지 일 개월 이후에 네가 정한 대로 성소의 세겔을 따라 은 다섯 세겔로 속하라 한 세겔은 이십 게라니라

 277 처음 태어난 당나귀를 구하기 위해 한 마리의 양을 성직자에게 주어라.

출애굽기 13:13　나귀의 첫 새끼는 다 어린 양으로 대속할 것이요 그렇게 하지 아니하려면 그 목을 꺾을 것이며 네 아들 중 처음 난 모든 자는 대속할지니라

278 처음 태어난 당나귀를 위해 양을 바칠 생각이 없다면 그 당나귀의 목을 부러뜨려라.

출애굽기 13:13　나귀의 첫 새끼는 다 어린 양으로 대속할 것이요 그렇게 하지 아니하려면 그 목을 꺾을 것이며 네 아들 중 처음 난 모든 자는 대속할지니라

14: 안식년

이르시되 빚 주는 사람에게 빚진 자가 둘이 있어 하나는

오백 데나리온을 졌고 하나는 오십 데나리온을 졌는데

갚을 것이 없으므로 둘 다 탕감하여 주었으니 둘 중에 누

가 그를 더 사랑하겠느냐

시몬이 대답하여 이르되 내 생각에는 많이 탕감함을 받

은 자니이다 이르시되 네 판단이 옳다 하시고

: 누가복음 7:41~43

매 칠 년에 땅을 쉬게 해서 어떤 일도 하지 마라. 그것은 땅을 비옥하게 한다.

출애굽기 34:21 너는 엿새 동안 일하고 일곱째 날에는 쉴지니 밭 갈 때에나 거둘 때에도 쉴지며

 매 칠 년에 땅에서 어떤 일도 하지 마라.

레위기 25:4 일곱째 해에는 그 땅이 쉬어 안식하게 할지니 여호와께 대한 안식이라 너는 그 밭에 파종하거나 포도원을 가꾸지 말며

 매 칠 년에 나무가 어떤 과일을 맺도록 일하지 마라.

레위기 25:4 일곱째 해에는 그 땅이 쉬어 안식하게 할지니 여호와께 대한 안식이라 너는 그 밭에 파종하거나 포도원을 가꾸지 말며

 매 칠 년에 들판에서 자라는 작물을 일반적인 방법으로 수확하지 마라.

레위기 25:5 네가 거둔 후에 자라난 것을 거두지 말고 가꾸지 아니한 포도나무가 맺은 열매를 거두지 말라 이는 땅의 안식년임이니라

 매 칠 년에 들판에서 자라는 포도를 일반적인 방법으로 수확하지 마라

레위기 25:5 네가 거둔 후에 자라난 것을 거두지 말고 가꾸지 아니한 포도나무가 맺은 열매를 거두지 말라 이는 땅의 안식년임이니라

 매 칠 년에 모든 작물은 그대로 남겨둬라.

출애굽기 23:11 일곱째 해에는 갈지 말고 묵혀두어서 네 백성의 가난한 자들이 먹게 하라 그 남은 것은 들짐승이 먹으리라 네 포도원과 감람원도 그리할지니라

285 매 칠 년에 모든 빚을 면제해라.

신명기 15:2 면제의 규례는 이러하니라 그의 이웃에게 꾸어준 모든 채주는 그것을 면제하고 그의 이웃에게나 그 형제에게 독촉하지 말지니 이는 여호와를 위하여 면제를 선포하였음이라

286 채무자에게 독촉하지 마라.

신명기 15:2 면제의 규례는 이러하니라 그의 이웃에게 꾸어준 모든 채주는 그것을 면제하고 그의 이웃에게나 그 형제에게 독촉하지 말지니 이는 여호와를 위하여 면제를 선포하였음이라

287 매 칠 년의 바로 직전에 금전적인 손실을 두려워해서 대출을 거절하지 마라.

신명기 15:9 삼가 너는 마음에 악한 생각을 품지 말라 곧 이르기를 일곱째 해 면제년이 가까이 왔다 하고 네 궁핍한 형제를 악한 눈으로 바라보며 아무 것도 주지 아니하면 그가 너를 여호와께 호소하리니 그것이 네게 죄가 되리라

288 도시를 운영하는 사람들은 일곱 번씩 칠 년을 세야 한다.

레위기 25:8 너는 일곱 안식년을 계수할지니 이는 칠 년이 일곱 번인즉 안식년 일곱 번 동안 곧 사십구 년이라

289 도시를 운영하는 사람들은 50번째 년을 성스럽게 해야 한다.

레위기 25:10 너희는 오십 년째 해를 거룩하게 하여 그 땅에 있는 모든 주민을 위하여 자유를 공포하라 이 해는 너희에게 희년이니 너희는 각각 자기의 소유지로 돌아가며 각각 자기의 가족에게로 돌아갈지며

290 일곱 번째 달의 10일째 되는 날에 노예에게 자유를 주기 위해 소뿔 나팔을 불어라

레위기 25:9 일곱째 달 열흘날은 속죄일이니 너는 뿔나팔 소리를 내되 전국에서 뿔나팔을 크게 불지며

291 50번째 해에 땅을 갈지 마라.

레위기 25:11 그 오십 년째 해는 너희의 희년이니 너희는 파종하지 말며 스스로 난 것을 거
두지 말며 가꾸지 아니한 포도를 거두지 말라

 292 50번째 해에 일반적인 방법으로 들판에서 난 작물을 수확하지
마라.

레위기 25:11 그 오십 년째 해는 너희의 희년이니 너희는 파종하지 말며 스스로 난 것을 거
두지 말며 가꾸지 아니한 포도를 거두지 말라

 293 50번째 해에 일반적인 포도를 따지 마라.

레위기 25:11 그 오십 년째 해는 너희의 희년이니 너희는 파종하지 말며 스스로 난 것을 거
두지 말며 가꾸지 아니한 포도를 거두지 말라

 294 팔린 토지 되찾는 것을 행해라.

레위기 25:24 너희 기업의 온 땅에서 그 토지 무르기를 허락할지니

 295 이스라엘에서 땅을 무기한으로 팔지 마라.

레위기 25:23 토지를 영구히 팔지 말 것은 토지는 다 내 것임이니라 너희는 거류민이요 동
거하는 자로서 나와 함께 있느니라

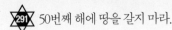 **296** 성벽이 둘러싼 도시의 집을 사고파는 법을 수행해라.

레위기 25:29 성벽 있는 성 내의 가옥을 팔았으면 판지 만 일 년 안에는 무를 수 있나니 곧
그 기한 안에 무르려니와

297 레위 족속에게 이스라엘 땅의 몫을 줘서는 안되고, 그들에게 거주할 도시가 주어져야 한다.

신명기 18:1 레위 사람 제사장과 레위의 온 지파는 이스라엘 중에 분깃도 없고 기업도 없을지니 그들은 여호와의 화제물과 그 기업을 먹을 것이라

298 레위 족속은 전쟁의 전리품을 가지지 마라.

신명기 18:1 레위 사람 제사장과 레위의 온 지파는 이스라엘 중에 분깃도 없고 기업도 없을지니 그들은 여호와의 화제물과 그 기업을 먹을 것이라

299 레위인에게 거주할 도시들과 그 도시를 둘러싼 들판을 주어라.

민수기 35:2 이스라엘 자손에게 명령하여 그들이 받은 기업에서 레위인에게 거주할 성읍
~3 들을 주게 하고 너희는 또 그 성읍들을 두르고 있는 초장을 레위인에게 주어서 성읍은 그들의 거처가 되게 하고 초장은 그들의 재산인 가축과 짐승들을 둘 곳이 되게 할 것이라

300 50년째 해의 전이든 후든 레위인을 위한 들판은 팔지 말고 남겨둬라.

레위기 25:34 그러나 그들의 성읍 주위에 있는 들판은 그들의 영원한 소유지이니 팔지 못할지니라

15 : 성전

이에 유대인들이 대답하여 예수께 말하기를 네가 이런

일을 행하니 무슨 표적을 우리에게 보이겠느냐

예수께서 대답하여 이르시되 너희가 이 성전을 헐라 내

가 사흘 동안에 일으키리라

유대인들이 이르되 이 성전은 사십육 년 동안에 지었거

늘 네가 삼 일 동안에 일으키겠느냐 하더라

그러나 예수는 성전된 자기 육체를 가리켜 말씀하신 것

이라

: 요한복음 2:18~21

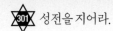 **301** 성전을 지어라.

출애굽기 25:8 내가 그들 중에 거할 성소를 그들이 나를 위하여 짓되

302 금속으로 다듬어진 돌로 제단을 쌓지 마라.

출애굽기 20:23 너희는 나를 비겨서 은으로나 금으로나 너희를 위하여 신상을 만들지 말고
~ 24 내게 토단을 쌓고 그 위에 네 양과 소로 네 번제와 화목제를 드리라 내가 내 이
름을 기념하게 하는 모든 곳에서 네게 임하여 복을 주리라

303 제단을 오르지 마라.

출애굽기 20:26 너는 층계로 내 제단에 오르지 말라 네 하체가 그 위에서 드러날까 함이니라

304 성전에 경의를 표하여라.

레위기 19:30 내 안식일을 지키고 내 성소를 귀히 여기라 나는 여호와이니라

305 성전 지역을 보호해라.

민수기 18:2 너는 너 형제 레위 지파 곧 네 조상의 지파를 데려다가 너와 함께 있게 하여 너
와 네 아들들이 증거의 장막 앞에 있을 때 그들이 너를 돕게 하라

 306 성전 지역이 안 보호되도록 남겨두지 마라.

민수기 18:5 이와 같이 너희는 성소의 직무와 제단의 직무를 다하라 그리하면 여호와의
진노가 다시는 이스라엘 자손에게 미치지 아니하리라

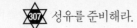 성유를 준비해라.

출애굽기 30:31 이스라엘 자손에게 말하여 이르기를 이것은 너희 대대로 내게 거룩한 관유니

 성유를 복제하지 마라.

출애굽기 30:32 사람의 몸에 붓지 말며 이 방법대로 이와 같은 것을 만들지 말라 이는 거룩하니 너희는 거룩히 여기라

 성유를 사람 몸에 붓지 마라.

출애굽기 30:32 사람의 몸에 붓지 말며 이 방법대로 이와 같은 것을 만들지 말라 이는 거룩하니 너희는 거룩히 여기라

 성유를 냄새 맡으려고 복제하지 마라.

출애굽기 30:37 네가 여호와를 위하여 만들 향은 거룩한 것이니 너희를 위하여는 그 방법대로 만들지 말라

 금 제단에서 성유 외에 다른 어떤 것도 불태우지 마라.

출애굽기 30:9 너희는 그 위에 다른 향을 사르지 말며 번제나 소제를 드리지 말며 전제의 술을 붓지 말며

 레위인만이 성궤를 그들의 어깨로 옮길 수 있다.

민수기 7:9 고핫 자손에게는 주지 아니하였으니 그들의 성소의 직임은 그 어깨로 메는 일을 하는 까닭이었더라

313 성궤를 들기 위한 막대기를 제거하지 마라.

출애굽기 25:15 채를 궤의 고리에 꿴 대로 두고 빼내지 말지며

314 레위인은 성전 안에서 일해야 한다.

민수기 18:23 그러나 레위인은 회막에서 봉사하며 자기들의 죄를 담당할 것이요 이스라엘 자손 중에는 기업이 없을 것이니 이는 너희 대대에 영원한 율례라

315 어떤 레위인이나 성직자가 다른 일을 해서는 안 된다.

민수기 18:3 레위인은 네 직무와 장막의 모든 직무를 지키려니와 성소의 기구와 제단에는 가까이 하지 못하리니 두렵건대 그들과 너희가 죽을까 하노라

316 봉사하기 위해 성직자를 바쳐라.

레위기 21:8 너는 그를 거룩히 여기라 그는 네 하나님의 음식을 드림이니라 너는 그를 거룩히 여기라 너희를 거룩하게 하는 나 여호와는 거룩함이니라

317 성직자들이 휴일에 한 일의 양과 가치는 같아야 한다.

신명기 18:6 이스라엘 온 땅 어떤 성읍에든지 거주하는 레위인이 간절한 소원이 있어 그
~8 가 사는 곳을 떠날지라도 여호와께서 택하신 곳에 이르면 여호와 앞에 선 그의 모든 형제 레위인과 같이 그의 하나님 여호와의 이름으로 섬길 수 있나니 그 사람의 응식은 그들과 같을 것이요...

318 성직자는 그들이 봉사할 때 거룩한 옷을 입어야 한다.

출애굽기 28:2 네 형 아론을 위하여 거룩한 옷을 지어 영화롭고 아름답게 할지니

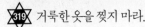 거룩한 옷을 찢지 마라.

출애굽기 28:32 두 어깨 사이에 머리 들어갈 구멍을 내고 그 주위에 갑옷 깃 같이 깃을 짜서 찢어지지 않게 하고

 대제사장의 가슴판(흉패)은 에봇에서 떨어지지 않게 해라.

출애굽기 28:28 청색 끈으로 흉패 고리와 에봇 고리에 꿰어 흉패로 정교하게 짠 에봇 띠 위에 붙여 떨어지지 않게 하라

 성직자는 취해서 성전에 들어오지 마라.

레위기 10:9 너와 네 자손들이 회막에 들어갈 때에는 포도주나 독주를 마시지 말라 그리하여 너희 죽음을 면하라 이는 너희 대대로 지킬 영영한 규례라

 성직자는 머리가 덮이지 않은 채로 성전에 들어오지 마라.

레위기 10:6 모세가 아론과 그의 아들 엘르아살과 이다말에게 이르되 너희는 머리를 풀거나 옷을 찢지 말라 그리하여 너희가 죽음을 면하고 여호와의 진노가 온 회중에게 미침을 면하게 하라 오직 너희 형제 이스라엘 온 족속은 여호와께서 치신 불로 말미암아 슬퍼할 것이니라

 성직자는 찢어진 옷과 함께 성전에 들어오지 마라.

레위기 10:6 모세가 아론과 그의 아들 엘르아살과 이다말에게 이르되 너희는 머리를 풀거나 옷을 찢지 말라 그리하여 너희가 죽음을 면하고 여호와의 진노가 온 회중에게 미침을 면하게 하라 오직 너희 형제 이스라엘 온 족속은 여호와께서 치신 불로 말미암아 슬퍼할 것이니라

 성직자는 아무 생각 없이 성전에 들어오지 마라.

레위기 16:2 여호와께서 모세에게 이르시되 네 형 아론에게 이르라 성소의 휘장 안 법궤 위 속죄소 앞에 아무 때나 들어오지 말라 그리하여 죽지 않도록 하라 이는 내가 구름 가운데에서 속죄소 위에 나타남이니라

325 성직자는 봉사하는 동안 성전을 떠나서는 안 된다.

레위기 10:7 여호와의 관유가 너희에게 있은 즉 너희는 회막 문에 나가지 말라 그리하면 죽음을 면하리라 그들이 모세의 말대로 하니라

326 부정한 사람을 성전 밖으로 내보내라.

민수기 5:2 이스라엘 자손에게 명령하여 모든 나병 환자와 유출증이 있는 자와 주검으로 부정하게 된 자를 다 진영 밖으로 내보내되

327 부정한 사람은 성전에 들어오지 마라.

민수기 5:3 남녀를 막론하고 다 진영 밖으로 내보내어 그들이 진영을 더럽게 하지 말라 내가 그 진영 가운데에 거하느니라 하시매

328 부정한 사람은 성전이 있는 도시에 들어오지 마라.

신명기 23:10 너희 중에 누가 밤에 몽설함으로 부정하거든 진영 밖으로 나가고 진영 안에 ~ 11 들어오지 아니 하다가 해 질 때에 목욕하고 해 진 후에 진에 들어올 것이요

329 부정한 성직자는 성전 안에서 봉사할 수 없다.

레위기 22:2 아론과 그의 아들들에게 말하여 그들로 이스라엘 자손이 내게 드리는 그 성물에 대하여 스스로 구별하여 내 성호를 욕되게 함이 없게 하라 나는 여호와 이니라

330 부정한 성직자는 몸을 씻고, 해진 후까지 기다렸다가 봉사하러 들어온다.

레위기 22:7 해 질 때에야 정하리니 그 후에야 그 성물을 먹을 것이니라 이는 자기의 음식이 됨이니라

성직자는 봉사하기 전에 그의 손과 발을 씻어야 한다.

출애굽기 30:19　아론과 그의 아들들이 그 구멍에서 수족을 씻되

 흠이 있는 성직자는 성소에 들어오거나 제단에 접근해서는 안 된다.

레위기 21:23　휘장 안에 들어가지 못할 것이요 제단에 가까이 하지 못할지니 이는 그가 흠이 있음이니라 이와 같이 그가 내 성소를 더럽히지 못할 것은 나는 그들을 거룩하게 하는 여호와임이니라

 육체적인 흠이 있는 성직자는 봉사하면 안 된다.

레위기 21:17　아론에게 말하여 이르라 누구든지 너의 자손 중 대대로 육체에 흠이 있는 자는 그 하나님의 음식을 드리려고 가까이 오지 못할 것이니라

 일시적인 흠이 있는 성직자는 봉사하면 안 된다.

레위기 21:17　아론에게 말하여 이르라 누구든지 너의 자손 중 대대로 육체에 흠이 있는 자는 그 하나님의 음식을 드리려고 가까이 오지 못할 것이니라

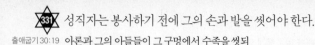 성직자가 아닌 사람은 봉사하면 안 된다.

민수기 18:4　레위인은 너와 합동하여 장막의 모든 일과 회막의 직무를 다할 것이요 다른 사람은 너희에게 가까이 하지 못할 것이니라

제사장마다 매일 서서 섬기며 자주 같은 제사를 드리되

이 제사는 언제나 죄를 없게 하지 못하거니와

오직 그리스도는 죄를 위하여 한 영원한 제사를 드리시

고 하나님 우편에 앉으사

그 후에 자기 원수들을 자기 발등상이 되게 하실 때까지

기다리시나니

그가 거룩하게 된 자들을 한 번의 제사로 영원히 온전하

게 하셨느니라

: 히브리서 10:11~14

오직 흠이 없는 동물만 바쳐라.

레위기 22:21　만일 누구든지 서원한 것을 갚으려 하든지 자의로 예물을 드리려하여 소나
　　　　　　　양으로 화목제물을 여호와께 드리는 자는 기쁘게 받으심이 되도록 아무 흠이
　　　　　　　없는 온전한 것으로 할지니

 제단에 흠이 있는 동물은 바치지 마라.

레위기 22:20　흠 있는 것은 무엇이나 너희가 드리지 말 것은 그것이 기쁘게 받으심이 되지
　　　　　　　못할 것임이니라

 흠이 있는 동물은 살육하지 마라.

레위기 22:22　너희는 눈 먼 것이나 상한 것이나 지체에 베임을 당한 것이나 종기 있는 것이
　　　　　　　나 습진 있는 것이나 비루먹은 것을 여호와께 드리지 말며 이런 것들을 제단
　　　　　　　위에 화제물로 여호와께 드리지 말라

 흠이 있는 동물의 피를 뿌리지 마라.

레위기 22:24　너희는 고환이 상하였거나 치었거나 터졌거나 베임을 당한 것은 여호와께 드
　　　　　　　리지 말며 너희의 땅에서는 이런 일을 행하지도 말지며

 흠이 있는 동물의 기름을 태우지 마라.

레위기 22:22　너희는 눈 먼 것이나 상한 것이나 지체에 베임을 당한 것이나 종기 있는 것이
　　　　　　　나 습진 있는 것이나 비루먹은 것을 여호와께 드리지 말며 이런 것들을 제단
　　　　　　　위에 화제물로 여호와께 드리지 말라

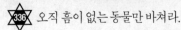 일시적인 흠이 있는 동물을 바치지 마라.

신명기 17:1　흠이나 악질이 있는 소와 양은 아무 것도 네 하나님 여호와께 드리지 말지니
　　　　　　　이는 네 하나님 여호와께 가증한 것이 됨이니라

342 유대인이 아닌 사람도 흠이 있는 동물은 바치지 마라.

레위기 22:25 너희는 외국인에게서도 이런 것을 받아 너희의 하나님의 음식으로 드리지 말라 이는 결점이 있고 흠이 있는 것인즉 너희를 위하여 기쁘게 받으심이 되지 못할 것임이니라

343 바쳐질 동물에게 상처를 주지 마라.

레위기 22:21 만일 누구든지 서원한 것을 갚으려 하든지 자의로 예물을 드리려하여 소나 양으로 화목제물을 여호와께 드리는 자는 기쁘게 받으심이 되도록 아무 흠이 없는 온전한 것으로 할지니

344 바쳐질 자격이 안 되는 동물은 되찾아라.

신명기 12:15 그러나 네 하나님 여호와께서 네게 주신 복을 따라 각 성에서 네 마음에 원하는 대로 가축을 잡아 그 고기를 먹을 수 있나니 곧 정한 자나 부정한 자를 막론하고 노루나 사슴을 먹는 것 같이 먹으려니와

345 오직 태어난 지 8일이 지난 동물만 바쳐라.

레위기 22:27 수소나 양이나 염소가 나거든 이레 동안 그것의 어미와 같이 있게 하라 여덟째 날 이후로는 여호와께 화제로 예물을 드리면 기쁘게 받으심이 되리라

 346 매춘해서 번 돈으로 산 동물이나 개와 바꿔 얻은 동물을 바치지 마라.

신명기 23:18 창기가 번 돈과 개 같은 자의 소득은 어떤 서원하는 일로든지 네 하나님 여호와의 전에 가져오지 말라 이 둘은 다 네 하나님 여호와께 가증한 것임이니라

 347 꿀이나 이스트를 제단에 태우지 마라.

레위기 2:11 너희가 여호와께 드리는 모든 소제물에는 누룩을 넣지 말지니 너희가 누룩이나 꿀을 여호와께 화제로 드려 사르지 못할지니라

348 모든 제물에 소금을 쳐라.

레위기 2:13 네 모든 소제물에 소금을 치라 네 하나님의 언약의 소금을 네 소제에 빼지 못
할지니 네 모든 예물에 소금을 드릴지니라

 349 제물에 소금 치는 것을 빼먹지 마라.

레위기 2:13 네 모든 소제물에 소금을 치라 네 하나님의 언약의 소금을 네 소제에 빼지 못
할지니 네 모든 예물에 소금을 드릴지니라

 350 화제물(태우는 제물)의 절차를 토라(모세5경)에 적혀있는 절차대로
행해라.

레위기 1:3 그 예물이 소의 번제이면 흠 없는 수컷으로 회막 문에서 여호와 앞에 기쁘게
받으시도록 드릴지니라

 351 화제물의 고기를 먹지 마라.

신명기 12:17 너는 곡식과 포도주와 기름의 십일조와 네 소와 양의 처음 난 것과 네 서원을
갚는 예물과 네 낙헌 예물과 네 손의 거제물은 네 각 성에서 먹지 말고

 352 속죄제(더러움을 일으킨 죄를 위한 제사)의 절차를 행해라.

레위기 6:18 아론 자손의 남자는 모두 이를 먹을지니 이는 여호와의 화제물 중에서 대대
로 그들의 영원한 소득이 됨이라 이를 만지는 자마다 거룩하리라

353 속죄제의 고기를 먹지 마라.

레위기 6:23 제사장의 모든 소제물은 온전히 불사르고 먹지 말지니라

354 속죄제에서 새의 목을 자르지 마라.

레위기 5:8 제사장에게로 가져갈 것이요 제사장은 그 속죄제물을 먼저 드리되 그 머리를 목에서 비틀어 끊고 몸은 아주 쪼개지 말며

 355 속건제(손해를 끼친 죄를 위한 제사)의 절차를 행해라.

레위기 7:1 속건제의 규례는 이러하니라 이는 지극히 거룩하니

 356 성직자는 제물로 바쳐진 고기를 성전 안에서 먹어야 한다.

출애굽기 29:33 그들은 속죄물 곧 그들을 위임하며 그들을 거룩하게 하는 데 쓰는 것을 먹되 타인은 먹지 못할지니 그것이 거룩하기 때문이라

 357 성직자는 성전 뜰 밖에서 그 고기를 먹으면 안 된다.

신명기 12:17 너는 곡식과 포도주와 기름의 십일조와 네 소와 양의 처음 난 것과 네 서원을 갚는 예물과 네 낙헌 예물과 네 손의 거제물은 네 각 성에서 먹지 말고

 358 성직자가 아닌 사람은 희생 제물을 먹으면 안 된다.

출애굽기 29:33 그들은 속죄물 곧 그들을 위임하며 그들을 거룩하게 하는 데 쓰는 것을 먹되 타인은 먹지 못할지니 그것이 거룩하기 때문이라

 359 화목제(친해지기 위해 지내는 제사)의 절차를 행해라.

레위기 7:11 여호와께 드릴 화목제물의 규례는 이러하니라 만일 그것을 감사함으로 드리
~14 려면 기름 섞은 무교병과 기름 바른 무교전병과 고운 가루에 기름 섞어 구운 과자를 그 감사제물과 함께 드리고 또 유교병을 화목제의 감사제물과 함께 그 예물로 드리되 그 전체의 예물 중에서 하나씩 여호와께 거제로 드리고 그 것을 화목제의 피를 뿌린 제사장들에게로 돌릴지니라

피가 뿌려지기 전의 희생 제물은 먹지 마라.

신명기 12:17 너는 곡식과 포도주와 기름의 십일조와 네 소와 양의 처음 난 것과 네 서원을
갚는 예물과 네 낙헌 예물과 네 손의 거제물은 네 각 성에서 먹지 말고

 소제(곡식 제사)를 토라(모세5경)에 적혀진 대로 행해라.

레위기 2:1 누구든지 소제의 예물을 여호와께 드리려거든 고운 가루로 예물을 삼아 그
위에 기름을 붓고 또 그 위에 유향을 놓아

 일부 소제의 규정에 맞지 않는 기름은 넣지 마라.

레위기 5:11 만일 그의 손이 산비둘기 두 마리나 집비둘기 두 마리에도 미치지 못하면 그
의 범죄로 말미암아 고운 가루 십분의 일 에바를 예물로 가져다가 속죄제물
로 드리되 이는 속죄제인즉 그 위에 기름을 붓지 말며 유향을 놓지 말고

 소제(곡식 제사)의 규정에 맞지 않는 유향을 넣지 마라.

레위기 3:11 제사장은 그것을 제단 위에서 불사를지니 이는 화제로 여호와께 드리는 음식
이니라

 대제사장의 소제(곡식 제사)는 먹지 마라.

레위기 6:16 그 나머지는 아론과 그의 자손이 먹되 누룩을 넣지 말고 거룩한 곳 회막 뜰에
서 먹을지니라

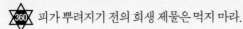 이스트를 넣은 빵처럼 소제를 굽지 마라.

레위기 6:17 그것에 누룩을 넣어 굽지 말라 이는 나의 화제물 중에서 내가 그들에게 주어
그들의 소득이 되게 하는 것이라 속죄제와 속건제같이 지극히 거룩한즉

366 성직자는 소제(곡식 제사)의 나머지를 먹어라.

레위기 6:9 아론과 그의 자손에게 명령하여 이르라 번제의 규례는 이러하니라 번제물은 아침까지 제단 위에 있는 석쇠 위에 두고 제단의 불이 그 위에서 꺼지지 않게 할 것이요

367 (그 땅에서의) 첫 축제를 위해 모든 맹세한 제물과 자유롭게 바친 제물을 성전으로 가져와라

신명기 12:5 오직 너희의 하나님 여호와께서 자기의 이름을 두시려고 너희 모든 지파 중
~6 에서 택하신 곳인 그 계실 곳으로 찾아 나아가서 너희의 번제와 너희의 제물과 너희의 십일조와 너희 손의 거제와 너희의 서원제와 낙헌 예물과 너희 소와 양의 처음 난 것들을 너희는 그리로 가져다가 드리고

368 어떤 서약에 의한 지급이든 보류하지 마라.

신명기 23:21 네 하나님 여호와께 서원하거든 갚기를 더디하지 말라 네 하나님 여호와께서 반드시 그것을 네게 요구하시리니 더디면 그것이 네게 죄가 될 것이라

369 모든 제물을 성전 안에서 줘라.

신명기 12:11 너희는 너희의 하나님 여호와께서 자기 이름을 두시려고 택하실 그 곳으로 내가 명령하는 것을 모두 가지고 갈지니 곧 너희의 번제와 너희의 희생과 너희의 십일조와 너희 손의 거제와 너희가 여호와께서 원하시는 모든 아름다운 서원물을 가져가고

370 모든 제물을 이스라엘 밖으로부터 성전으로 가져와라.

신명기 12:26 오직 네 성물과 서원물을 여호와께서 택하신 곳으로 가지고 가라

371 성전 뜰 밖에서 제물을 죽이지 마라.

레위기 17:4 먼저 회막 문으로 끌고 가서 여호와의 성막 앞에서 여호와께 예물로 드리지 아니하는 자는 피 흘린 자로 여길 것이라 그가 피를 흘렸은즉 자기 백성 중에서 끊어지리라

372 어떤 제물이든 성전 뜰 밖에서 바치지 마라.

신명기 12:13 너는 삼가서 네게 보이는 아무 곳에서나 번제를 드리지 말고

 373 두 마리의 양을 매일 바쳐라.

민수기 28:3 또 그들에게 이르라 너희가 여호와께 드릴 화제는 이러하니 일 년 되고 흠 없는 숫양을 매일 두 마리씩 상번제로 드리되

 374 제단의 불을 매일 밝혀라.

레위기 6:12 제단 위의 불은 항상 피워 꺼지지 않게 할지니 제사장은 아침마다 나무를 그 위에서 태우고 번제물을 그 위에 벌여 놓고 화목제의 기름을 그 위에서 불사를지며

 375 이 불을 끄지 마라.

레위기 6:6 그는 또 그 속건제물을 여호와께 가져갈지니 곧 네가 지정한 가치대로 양 떼 중 흠 없는 숫양을 속건제물을 위하여 제사장에게로 끌고 갈 것이요

 376 제단의 재를 매일 치워라.

레위기 6:3 남의 잃은 물건을 줍고도 사실을 부인하여 거짓 맹세하는 등 사람이 이 모든 일 중의 하나라도 행하여 범죄하면

377 향을 매일 피워라.

출애굽기 30:7 아론이 아침마다 그 위에 향기로운 향을 사르되 등불을 손질할 때에 사를지며

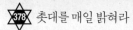

✡378 촛대를 매일 밝혀라

출애굽기 27:21 아론과 그의 아들들로 회막 안 증거궤 앞 휘장 밖에서 저녁부터 아침까지 항상 여호와 앞에 그 등불을 보살피게 하라 이는 이스라엘 자손이 대대로 지킬 규례이니라

✡379 대제사장은 소제(곡식 제사)를 매일 드려라.

레위기 6:13 불은 끊임이 없이 제단 위에 피워 꺼지지 않게 할지니라

✡380 안식일(토요일)에는 두 마리 더 많은 양을 화제로 가져와야 한다.

민수기 28:9 안식일에는 일 년 되고 흠 없는 숫양 두 마리와 고운 가루 십분의 이에 기름 섞은 소제와 그 전제를 드릴 것이니

✡381 진설병을 만들어라.

출애굽기 25:30 상 위에 진설병을 두어 항상 내 앞에 있게 할지니라

17: 제사3(절기)

이제는 너희가 하나님을 알 뿐 아니라 하나님이 아신 바

되었거늘 어찌하여 다시 약하고 천박한 초등학문으로

돌아가서 다시 그들에게 종 노릇 하려 하느냐

너희가 날과 달과 절기와 해를 삼가 지키니 내가 너희를

위하여 수고한 것이 헛될까 두려워하노라

: 갈라디아서 4:9~11

382 매월 첫째 날에 추가적인 제물을 드려라.

민수기 28:11 초하루에는 수송아지 두 마리와 숫양 한 마리와 일 년 되고 흠 없는 숫양 일곱 마리로 여호와께 번제를 드리되

383 유월절에 추가적인 제물을 드려라.

민수기 28:19 수송아지 두 마리와 숫양 한 마리와 일 년 된 숫양 일곱 마리를 다 흠 없는 것으로 여호와께 화제를 드려 번제가 되게 할 것이며

384 새로 수확한 밀의 요제(흔들어 드리는 제사)를 드려라

레위기 23:10 이스라엘 자손에게 말하여 이르라 너희는 내가 너희에게 주는 땅에 들어가서 너희의 곡물을 거둘 때에 너희의 곡물의 첫 이삭 한 단을 제사장에게로 가져갈 것이요

385 모든 남자는 오메르를 계산해야 한다.
(새로 수확한 밀을 드린 날부터 7주간)

레위기 23:15 안식일 이튿날 곧 너희가 요제로 곡식단을 가져온 날부터 세어서 일곱 안식일의 수효를 채우고

386 오순절에 추가적인 제물을 드려라.

민수기 28:26 칠칠절 처음 익은 열매를 드리는 날에 너희가 여호와께 새 소제를 드릴 때에 도 성회로 모일 것이요 아무 일도 하지 말 것이며

387 오순절의 추가적인 제물에 떡 두 개를 함께 드려라.

레위기 23:17 너희 처소에서 십분의 이 에바로 만든 떡 두 개를 가져다가 흔들지니 이는 고운 가루에 누룩을 넣어서 구운 것이요 이는 첫 요제로 여호와께 드리는 것이며

388 로쉬하샤나(설날의 일종)에 추가적인 제물을 드려라.

민수기 29:2 너희는 수송아지 한 마리와 숫양 한 마리와 일 년 되고 흠 없는 숫양 일곱 마리
를 여호와께 향기로운 번제로 드릴 것이며

 389 속죄일에 추가적인 제물을 드려라.

민수기 29:8 너희는 수송아지 한 마리와 숫양 한 마리와 일 년 된 숫양 일곱 마리를 다 흠
없는 것으로 여호와께 향기로운 번제를 드릴 것이며

 390 초막절(추석의 일종)에 추가적인 제물을 드려라.

민수기 29:13 너희 번제로 여호와께 향기로운 화제를 드리되 수송아지 열세 마리와 숫양
두 마리와 일 년 된 숫양 열네 마리를 다 흠 없는 것으로 드릴 것이며

 391 쉬미니 아쩨래트(장막절)에 추가적인 제물을 드려라.

민수기 29:35 여덟째 날에는 장엄한 대회로 모일 것이요 아무 일도 하지 말 것이며

 392 부적합하거나 부정하게 된 재물은 먹지 마라.

신명기 14:3 너는 가증한 것은 무엇이든지 먹지 말라

 393 적절하지 않은 의도로 제공된 제물은 먹지 마라.

레위기 7:18 만일 그 화목제물의 고기를 셋째 날에 조금이라도 먹으면 그 제사는 기쁘게
받아들여지지 않을 것이라 드린 자에게도 예물답게 되지 못하고 도리어 가증
한 것이 될 것이며 그것을 먹는 자는 그 죄를 짊어지리라

394 먹도록 허락된 기간이 지난 제물을 먹지 마라.

레위기 22:30 그 제물은 그 날에 먹고 이튿날까지 두지 말라 나는 여호와이니라

395 남겨진 제물을 먹지 마라.

레위기 19:6
~9 그 제물은 드리는 날과 이튿날에 먹고 셋째 날까지 남았거든 불사르라 셋째 날에 조금이라도 먹으면 가증한 것이 되어 기쁘게 받으심이 되지 못하고 그것을 먹는 자는 여호와의 성물을 더럽힘으로 말미암아 죄를 담당하리니 그가 그의 백성 중에서 끊어지리라

396 부정하게 된 제물을 먹지 마라.

레위기 7:19 그 고기가 부정한 물건에 접촉되었으면 먹지 말고 불사를 것이라 그 고기는 깨끗한 자만 먹을 것이니

397 부정한 사람은 제물을 먹지 마라.

레위기 7:20 만일 몸이 부정한 자가 여호와께 속한 화목제물의 고기를 먹으면 그 사람은 자기 백성 중에서 끊어질 것이요

398 남겨진 제물은 불태워라.

레위기 7:17 그 제물의 고기가 셋째 날까지 남았으면 불사를지니

399 모든 부정한 제물은 불태워라.

레위기 7:19 그 고기가 부정한 물건에 접촉되었으면 먹지 말고 불사를 것이라 그 고기는 깨끗한 자만 먹을 것이니

속제일의 절차를 책 아키레이 모트(Acharei Mot)에 적힌 순서에 따라 지켜라.

레위기 16:3
~ 4
아론이 성소에 들어오려면 수송아지를 속죄제물로 삼고 숫양을 번제물로 삼고 거룩한 세마포 속옷을 입으며 세마포 속바지를 몸에 입고 세마포 띠를 띠며 세마포 관을 쓸지니 이것들은 거룩한 옷이라 물로 그의 몸을 씻고 입을 것이며

 성물을 더럽히면 1/5을 더해서 갚고, 제물을 바쳐라.

레위기 5:16
성물에 대한 잘못을 보상하되 그것에 오분의 일을 더하여 제사장에게 줄 것이요 제사장은 그 속건제의 숫양으로 그를 위하여 속죄한즉 그가 사함을 받으리라

 바칠 동물은 일 시키지 마라.

신명기 15:19
네 소와 양의 처음 난 수컷은 구별하여 네 하나님 여호와께 드릴 것이니 네 소의 첫 새끼는 부리지 말고 네 양의 첫 새끼의 털은 깎지 말고

 바칠 동물의 털을 깎지 마라.

신명기 15:19
네 소와 양의 처음 난 수컷은 구별하여 네 하나님 여호와께 드릴 것이니 네 소의 첫 새끼는 부리지 말고 네 양의 첫 새끼의 털은 깎지 말고

 부활절 제물은 정해진 때에 죽여라.

출애굽기 12:6
이 달 열나흘날까지 간직하였다가 해 질 때에 이스라엘 회중이 그 양을 잡고

 이스트를 갖고 있을 때는 부활절 제물을 죽이지 마라.

출애굽기 23:18
너는 네 제물의 피를 유교병과 함께 드리지 말며 내 절기 제물의 기름을 아침까지 남겨두지 말지니라

406 그 기름을 새벽까지 남겨두지 마라.

출애굽기 23:18   너는 네 제물의 피를 유교병과 함께 드리지 말며 내 절기 제물의 기름을 아침까지 남겨두지 말지니라

407 두 번째 유월절 양을 바쳐라.

민수기 9:11   둘째 달 열넷째 날 해 질 때에 그것을 지켜서 어린 양에 무교병과 쓴 나물을 아울러 먹을 것이요

408 그 양을 무교병과 마러(쓴맛의 허브)와 함께 그 유월절의 14번째 날에 먹어라.

출애굽기 12:8   그 밤에 그 고기를 불에 구워 무교병과 쓴 나물과 아울러 먹되

409 이야르(8번째 달)의 15번째 밤에 그 두 번째 유월절 양을 먹어라.

민수기 9:11   둘째 달 열넷째 날 해 질 때에 그것을 지켜서 어린 양에 무교병과 쓴 나물을 아울러 먹을 것이요

410 유월절 양을 생것으로나 삶아서 먹지 마라.

출애굽기 12:9   날것으로나 물에 삶아서 먹지 말고 머리와 다리와 내장을 다 불에 구워 먹고

411 그 유월절 고기를 집단에서 떨어진 곳에서 먹지 마라.

출애굽기 12:46   한 집에서 먹되 그 고기를 조금도 집 밖으로 내지 말고 뼈도 꺾지 말며

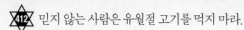 민지 않는 사람은 유월절 고기를 먹지 마라.

출애굽기 12:43 여호와께서 모세와 아론에게 이르시되 유월절 규례는 이러하니라 이방 사람
은 먹지 못할 것이나

 영구적으로나 임시로 고용된 일꾼은 그것을 먹지 마라.

출애굽기 12:45 거류인과 타국 품꾼은 먹지 못하리라

 할례받지 않은 남자는 그것을 먹지 마라.

출애굽기 12:48 너희와 함께 거류하는 타국인이 여호와의 유월절을 지키고자 하거든 그 모든
남자는 할례를 받은 후에야 가까이 하여 지킬지니 곧 그는 본토인과 같이 될
것이나 할례 받지 못한 자는 먹지 못할 것이니라

 유월절 제물의 어떤 뼈든 부러뜨리지 마라.

출애굽기 12:46 한 집에서 먹되 그 고기를 조금도 집 밖으로 내지 말고 뼈도 꺾지 말며
출애굽기 34:20 나귀의 첫 새끼는 어린 양으로 대속할 것이요 그렇게 하지 아니 하려면 그 목
을 꺾을 것이며 네 아들 중 장자는 다 대속할지며 빈 손으로 내 얼굴을 보지 말
지니라

 두 번째 유월절 제물의 어떤 뼈든 부러뜨리지 마라.

민수기 9:12 아침까지 그것을 조금도 남겨두지 말며 그 뼈를 하나도 꺾지 말아서 유월절
모든 율례대로 지킬 것이니라

 아침까지 유월절 제물의 어떤 고기도 남겨두지 마라.

출애굽기 12:10 아침까지 남겨두지 말며 아침까지 남은 것은 곧 불사르라

418 아침까지 두 번째 유월절 제물의 어떤 고기도 남겨두지 마라.

민수기 9:12 아침까지 그것을 조금도 남겨두지 말며 그 뼈를 하나도 꺾지 말아서 유월절 모든 율례대로 지킬 것이니라

419 14번째 날의 유월절 제물의 고기를 16째 날까지 남겨두지 마라.

신명기 16:4 그 이레 동안에는 네 모든 지경 가운데에 누룩이 보이지 않게 할 것이요 또 네가 첫날 해 질 때에 제사 드린 고기를 밤을 지내 아침까지 두지 말 것이며

420 유월절, 오순절(칠칠절), 초막절에 성전에 참석해야 한다.

신명기 16:16 너의 가운데 모든 남자는 일 년에 세 번 곧 무교절과 칠칠절과 초막절에 네 하나님 여호와께서 택하신 곳에서 여호와를 뵈옵되 빈손으로 여호와를 뵈옵지 말고

421 이 세 번의 축제를 축하해라. (평화의 제물을 바쳐라)

출애굽기 23:14 너는 매년 세 번 내게 절기를 지킬지니라

422 이 세 번의 축제를 기뻐해라. (평화의 제물을 바쳐라)

민수기 16:14 절기를 지킬 때에는 너와 네 자녀와 노비와 네 성중에 거주하는 레위인과 객과 고아와 과부가 함께 즐거워하되

423 제물 없이 성전에 오면 안 된다.

민수기 16:16 너의 가운데 모든 남자는 일 년에 세 번 곧 무교절과 칠칠절과 초막절에 네 하
~ 17 나님 여호와께서 택하신 곳에서 여호와를 뵈옵되 빈손으로 여호와를 뵈옵지 말고 각 사람이 네 하나님 여호와께서 주신 복을 따라 그 힘대로 드릴지니라

레위인과 함께 즐거워하는 것, 선물을 레위인에게 주는 것을 멀리하지 마라.

신명기 12:19 너는 삼가 네 땅에 거주하는 동안에 레위인을 저버리지 말지니라

 7번째 해에 초막절(추석의 일종)에 모든 사람을 모아라.

신명기 31:12 곧 백성의 남녀와 어린이와 네 성읍 안에 거류하는 타국인을 모으고 그들에게 듣고 배우고 네 하나님 여호와를 경외하며 이 율법의 모든 말씀을 지켜 행하게 하고

18: 제사4(삶)

하나님 앞에서는 율법을 듣는 자가 의인이 아니요 오직

율법을 행하는 자라야 의롭다 하심을 얻으리니

(율법 없는 이방인이 본성으로 율법의 일을 행할 때에는

이 사람은 율법이 없어도 자기가 자기에게 율법이 되나

니 이런 이들은 그 양심이 증거가 되어 그 생각들이 서로

혹은 고발하며 혹은 변명하여 그 마음에 새긴 율법의 행

위를 나타내느니라)

: 로마서 2:13~15

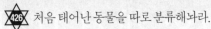

426 처음 태어난 동물을 따로 분류해놔라.

출애굽기 13:12 너는 태에서 처음 난 모든 것과 네게 있는 가축의 태에서 처음 난 것을 다 구별하여 여호와께 돌리라 수컷은 여호와의 것이니라

427 성직자는 흠이 없는 처음 태어난 동물을 예루살렘 밖에서는 먹지 마라.

신명기 12:17 너는 곡식과 포도주와 기름의 십일조와 네 소와 양의 처음 난 것과 네 서원을 갚는 예물과 네 낙헌 예물과 네 손의 거제물은 네 각 성에서 먹지 말고

428 처음 태어난 동물을 되찾지 마라.

민수기 18:17 오직 처음 태어난 소나 처음 태어난 양이나 처음 태어난 염소는 대속하지 말지니 그것들은 거룩한즉 그 피는 제단에 뿌리고 그 기름은 불살라 여호와께 향기로운 화제로 드릴 것이며

429 동물의 1/10을 분류해서 바쳐라.

레위기 27:32 모든 소나 양의 십일조는 목자의 지팡이 아래로 통과하는 것의 열 번째의 것마다 여호와의 성물이 되리라

430 그 1/10을 되찾지 마라.

레위기 27:33 그 우열을 가리거나 바꾸거나 하지 말라 바꾸면 둘 다 거룩하리니 무르지 못하리라

431 모든 사람은 죄에 대한 속죄제를 드려야 한다.

레위기 4:27 만일 평민의 한 사람이 여호와의 계명 중 하나라도 부지중에 범하여 허물이 있었는데

432 의심스러운 죄가 있을 때 아샴탈루이(성전 제물)를 드려라.

레위기5:15 누구든지 여호와의 성물에 대하여 부지중에 범죄하였으면 여호와께 속건제
~16 를 드리되 네가 지정한 가치를 따라 성소의 세겔로 몇 세겔 은에 상당한 흠 없
는 숫양을 양 떼 중에서 끌어다가 속건제로 드려서 성물에 대한 잘못을 보상
하되 그것에 오분의 일을 더하여 제사장에게 줄 것이요...

 433 죄를 알게 됐을 때 아샴탈루이(성전 제물)를 드려라.

레위기5:17 만일 누구든지 여호와의 계명 중 하나를 부지중에 범하여도 허물이라 벌을
~18 당할 것이니 그는 네가 지정한 가치대로 양 떼 중 흠 없는 숫양을 속건제물로
제사장에게로 가져갈 것이요 제사장은 그가 부지중에 범죄한 허물을 위하여
속죄한즉 그가 사함을 받으리라

 434 올레 비요드(부자면 네발 동물을, 가난하면 새를 바치는)를 드려라.

레위기5:7 만일 그의 힘이 어린 양을 바치는 데에 미치지 못하면 그가 지은 죄를 속죄하
~11 기 위하여 산비둘기 두 마리나 집비둘기 새끼 두 마리를 여호와께로 가져가
되 하나는 속죄제물을 삼고 하나는 번제물을 삼아 제사장에게로 가져갈 것이
요 제사장은 그 속죄제물을 먼저 드리되 그 머리를 목에서 비틀어 끊고 몸은
아주 쪼개지 말며 그 속죄제물의 피를 제단 곁에 뿌리고 그 남은 피는 제단 밑
에 흘릴지니 이는 속죄제요 그 다음 것은 규례대로 번제를 드릴지니 제사장
이 그의 잘못을 위하여 속죄한즉 그가 사함을 받으리라 만일 그의 손이 산비
둘기 두 마리나 집비둘기 두 마리에도 미치지 못하면 그의 범죄로 말미암아
고운 가루 십분의 일 에바를 예물로 가져다가 속죄제물로 드리되 이는 속죄
제인즉 그 위에 기름을 붓지 말며 유향을 놓지 말고

435 산헤드린(의회)은 잘못 통치했을 때 (성전에서) 제물을 바쳐야
한다.

레위기4:13 만일 이스라엘 온 회중이 여호와의 계명 중 하나라도 부지중에 범하여 허물
이 있으나 스스로 깨닫지 못하다가

19: 제사5(더러움)

그 후에 예수께서 성전에서 그 사람을 만나 이르시되 보

라 네가 나았으니 더 심한 것이 생기지 않게 다시는 죄를

범하지 말라 하시니

: 요한복음 5:14

생리 중이거나 생리 같은 현상이 있었던 여인은 몸을 씻은 후 성
전에서 제사를 드려야 한다.

레위기 15:28 그의 유출이 그치면 이레를 센 후에야 정하리니 그는 여덟째 날에 산비둘기
~29 두 마리나 집비둘기 새끼 두 마리를 자기를 위하여 가져다가 회막 문 앞 제사
장에게로 가져갈 것이요

437 아이를 낳은 여인은 몸을 씻은 후 성전에서 제사를 드려야
한다.

레위기 12:6 아들이나 딸이나 정결하게 되는 기한이 차면 그 여인은 번제를 위하여 일 년
된 어린 양을 가져가고 속죄제를 위하여 집비둘기 새끼나 산비둘기를 회막
문 제사장에게로 가져갈 것이요

438 유출병이 있는 사람은 몸을 씻은 후 성전에서 제사를 드려야 한
다.

레위기 15:13 유출병이 있는 자는 그의 유출이 깨끗해지거든 그가 정결하게 되기 위하여
~14 이레를 센 후에 옷을 빨고 흐르는 물에 그의 몸을 씻을 것이라 그러면 그가 정
하리니 여덟째 날에 산비둘기 두 마리나 집비둘기 새끼 두 마리를 자기를 위
하여 가져다가 회막 문 여호와 앞으로 가서 제사장에게 줄 것이요

439 머쪼라(문둥병이 있는 사람)는 몸을 씻은 후 성전에서 제사를 드려
야 한다.

레위기 14:10 여덟째 날에 그는 흠 없는 어린 숫양 두 마리와 일 년 된 흠 없는 어린 암양 한
마리와 또 고운 가루 십분의 삼 에바에 기름 섞은 소제물과 기름 한 록을 취할
것이요

440 드리려고 했던 동물을 다른 동물로 대신해서 제물을 드리지
마라.

레위기 27:10 그것을 변경하여 우열간 바꾸지 못할 것이요 혹 가축으로 가축을 바꾸면 둘
다 거룩할 것이며

441 대신 하게 된 새로운 동물은 성스러워진다.

레위기 27:10 그것을 변경하여 우열간 바꾸지 못할 것이요 혹 가축으로 가축을 바꾸면 둘
다 거룩할 것이며

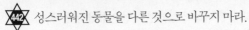 성스러워진 동물을 다른 것으로 바꾸지 마라.

레위기 27:26 오직 가축 중의 처음 난 것은 여호와께 드릴 첫 것이라 소나 양은 여호와의 것
이니 누구든지 그것으로는 성별하여 드리지 못할 것이며

 시체에 의해 부정해지는 것에 대한 법을 행해라.

민수기 19:14 장막에서 사람이 죽을 때의 법은 이러하니 누구든지 그 장막에 들어가는 자
와 그 장막에 있는 자가 이레 동안 부정할 것이며

 붉은 소에 대한 절차를 행해라.

민수기 19:2 여호와께서 명령하시는 법의 율례를 이제 이르노니 이스라엘 자손에게 일러
서 온전하여 흠이 없고 아직 멍에 메지 아니한 붉은 암송아지를 네게로 끌어
오게 하고

 물을 뿌리는 것에 대한 법을 행해라.

민수기 19:21 이는 그들의 영구한 율례니라 정결하게 하는 물을 뿌린 자는 자기의 옷을 빨
것이며 정결하게 하는 물을 만지는 자는 저녁까지 부정할 것이며

 토라(모세5경)에 쓰인 대로 피부병에 대한 법을 지켜라.

레위기 13:2 만일 사람이 그의 피부에 무엇이 돋거나 뾰루지가 나거나 색점이 생겨서 그
의 피부에 나병 같은 것이 생기거든 그를 곧 제사장 아론에게나 그의 아들 중
한 제사장에게로 데리고 갈 것이요

 문둥병자는 (그의 몸의) 부정한 표시를 제거하지 마라.

신명기 24:8 너는 나병에 대하여 삼가서 레위 사람 제사장들이 너희에게 가르치는 대로
네가 힘써 다 지켜 행하되 너희는 내가 그들에게 명령한 대로 지켜 행하라

448 문둥병자는 부정한 증상이 있는 머리를 깎지 마라.

레위기 13:33 그는 모발을 밀되 환부는 밀지 말 것이요 제사장은 옴 환자를 또 이레 동안 가두어둘 것이며

449 문둥병자는 옷을 찢고, 머리가 입술을 가릴 정도로 길러서 상태를 공개적으로 알려야 한다.

레위기 13:45 나병 환자는 옷을 찢고 머리를 풀며 윗입술을 가리고 외치기를 부정하다 부정하다 할 것이요

450 적혀진 대로 문둥병자를 정화하는 법을 수행해라.

레위기 14:2 나병 환자가 정결하게 되는 날의 규례는 이러하니 곧 그 사람을 제사장에게로 데려갈 것이요

451 정화하기 전에 그 문둥병자는 모든 그의 털을 깎아야 한다.

레위기 14:9 일곱째 날에 그는 모든 털을 밀되 머리털과 수염과 눈썹을 다 밀고 그의 옷을 빨고 몸을 물에 씻을 것이라 그리하면 정하리라

452 옷의 피부병에 대한 법을 수행해라.

레위기 13:47 만일 의복에 나병 색점이 발생하여 털옷에나 베옷에나 베나 털의 날에나 씨~49 에나 혹 가죽에나 가죽으로 만든 모든 것에 있으되 그 의복이나 가죽에나 그 날에나 씨에나 가죽으로 만든 모든 것에 병색이 푸르거나 붉으면 이는 나병의 색점이라 제사장에게 보일 것이요

453 집의 피부병에 대한 법을 수행해라.

레위기 13:34 이레 만에 제사장은 그 옴을 또 진찰할지니 그 옴이 피부에 퍼지지 아니하고 피부보다 우묵하지 아니하면 그는 그를 정하다 할 것이요 그는 자기의 옷을 빨아서 정하게 되려니와

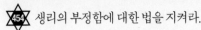 생리의 부정함에 대한 법을 지켜라.

레위기 15:19 어떤 여인이 유출을 하되 그의 몸에 그의 유출이 피이면 이레 동안 불결하니
그를 만지는 자마다 저녁까지 부정할 것이요

 출산에 따른 부정함에 대한 법을 수행해라.

레위기 12:2 이스라엘 자손에게 말하여 이르라 여인이 임신하여 남자를 낳으면 그는 이레
동안 부정하리니 곧 월경할 때와 같이 부정할 것이며

 여자의 유출병에 의해 부정하게 되는 법을 지켜라.

레위기 15:25 만일 여인의 피의 유출이 그의 불결기가 아닌데도 여러 날이 간다든지 그 유
출이 그의 불결기를 지나도 계속되면 그 부정을 유출하는 모든 날 동안은 그
불결한 때와 같이 부정한즉

 남자의 유출(몽정이나 자위의 정액)으로 부정해진 것에 대한 법을 지
켜라.

레위기 15:3 그의 유출병으로 말미암아 부정함이 이러하니 곧 그의 몸에서 흘러나오든지
~5 그의 몸에서 흘러나오는 것이 막혔든지 부정한즉 유출병 있는 자가 눕는 침
상은 다 부정하고 그가 앉았던 자리도 다 부정하니 그의 침상에 접촉하는 자
는 그의 옷을 빨고 물로 몸을 씻을 것이며 저녁까지 부정하리라

 죽은 동물에 의해 부정해진 것에 대한 법을 지켜라.

레위기 11:39 너희가 먹을 만한 짐승이 죽은 때에 그 주검을 만지는 자는 저녁까지 부정할
것이며

 8종류의 곤충류에 의해 부정해진 것에 대한 법을 지켜라.

레위기 11:29 땅에 기는 길짐승 중에 네게 부정한 것은 이러하니 곧 두더지와 쥐와 큰 도마
뱀 종류와

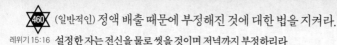

460 (일반적인) 정액 배출 때문에 부정해진 것에 대한 법을 지켜라.

레위기 15:16 설정한 자는 전신을 물로 씻을 것이며 저녁까지 부정하리라

461 액체나 고체의 음식으로 부정해지는 것에 대한 법을 지켜라.

레위기 11:34 먹을 만한 축축한 식물이 거기 담겼으면 부정하여질 것이요 그 같은 그릇에
~ 35 담긴 마실 것도 부정할 것이며 이런 것의 주검이 물건 위에 떨어지면 그것이
모두 부정하여지리니 화덕이든지 화로이든지 깨뜨려버리라 이것이 부정하
여져서 너희에게 부정한 것이 되리라

462 모든 부정한 사람은 깨끗하게 되기 위해 자신을 물에 담궈야 한
다.

레위기 15:16 설정한 자는 전신을 물로 씻을 것이며 저녁까지 부정하리라 정수가 묻은 모
~ 17 든 옷과 가죽은 물에 빨 것이며 저녁까지 부정하리라

20: 법과 이웃 사랑

예수께서 대답하여 이르시되 어떤 사람이 예루살렘에

서 여리고로 내려가다가 강도를 만나매 강도들이 그 옷

을 벗기고 때려 거의 죽은 것을 버리고 갔더라

마침 한 제사장이 그 길로 내려가다가 그를 보고 피하여

지나가고 또 이와 같이 한 레위인도 그곳에 이르러 그를

보고 피하여 지나가되 어떤 사마리아 사람은 여행하는

중 거기 이르러 그를 보고 불쌍히 여겨 가까이 가서 기름

과 포도주를 그 상처에 붓고 싸매고 자기 짐승에 태워 주

막으로 데리고 가서 돌보아 주니라

그 이튿날 그가 주막 주인에게 데나리온 둘을 내어 주며

이르되 이 사람을 돌보아 주라 비용이 더 들면 내가 돌아

올 때에 갚으리라 하였으니

네 생각에는 이 세 사람 중에 누가 강도 만난 자의 이웃

이 되겠느냐

: 누가복음 10:30~36

463 법원은 뿔로 들이받는 소에 의한 손해를 판결해라.

출애굽기 21:28 소가 남자나 여자를 받아서 죽이면 그 소는 반드시 돌로 쳐서 죽일 것이요 그 고기는 먹지 말 것이며 임자는 형벌을 면하려니와

464 법원은 동물이 먹은 것에 의한 손상을 판결해라.

출애굽기 22:4 도둑질한 것이 살아 그의 손에 있으면 소나 나귀나 양을 막론하고 갑절을 배상할지니라

465 법원은 구덩이에 의한 손상을 판결해라.

출애굽기 21:33 사람이 구덩이를 열어두거나 구덩이를 파고 덮지 아니하므로 소나 나귀가 거기에 빠지면

466 법원은 불에 의한 손상을 판결해라.

출애굽기 22:5 사람이 밭에서나 포도원에서 짐승을 먹이다가 자기의 짐승을 놓아 남의 밭에서 먹게 하면 자기 밭의 가장 좋은 것과 자기 포도원의 가장 좋은 것으로 배상할지니라

467 돈을 몰래 훔치지 마라.

레위기 19:11 너희는 도둑질하지 말며 속이지 말며 서로 거짓말하지 말며

468 법원은 도둑에게 가혹한 처벌을 해라.

출애굽기 22:1
~4
사람이 소나 양을 도둑질하여 잡거나 팔면 그는 소 한 마리에 소 다섯 마리로 갚고 양 한 마리에 양 네 마리로 갚을지니라... 도둑은 반드시 배상할 것이나 배상할 것이 없으면 그 몸을 팔아 그 도둑질한 것을 배상할 것이요 도둑질한 것이 살아 그의 손에 있으면 소나 나귀나 양을 막론하고 갑절을 배상할지니라

469 개인은 반드시 그의 저울의 눈금과 추의 무게를 정확하게 해라.

레위기 19:36 공평한 저울과 공평한 추와 공평한 에바와 공평한 힌을 사용하라 나는 너희를 인도하여 애굽 땅에서 나오게 한 너희의 하나님 여호와이니라

470 잘못된 저울의 눈금과 추의 무게로 불공정하게 행하지 마라.

레위기 19:35 너희는 재판할 때나 길이나 무게나 양을 잴 때 불의를 행하지 말고

471 사용하지 않을 부정확한 눈금과 추라도 가지고 있지 마라.

신명기 25:13 너는 네 주머니에 두 종류의 저울추 곧 큰 것과 작은 것을 넣지 말 것이며

472 경계를 표시한 것을 다른 사람의 재산을 빼앗기 위해 옮기지 마라.

신명기 19:14 네 하나님 여호와께서 네게 주어 차지하게 하시는 땅 곧 네 소유가 된 기업의 땅에서 조상이 정한 네 이웃의 경계표를 옮기지 말지니라

473 납치하지 마라.

출애굽기 20:13 살인하지 살라
~ 14 간음하지 말라

474 강제로 빼앗지 마라.

출애굽기 19:13 너는 네 이웃을 억압하지 말며 착취하지 말며 품꾼의 삯을 아침까지 밤새도록 네게 두지 말며

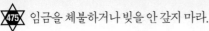

475 임금을 체불하거나 빚을 안 갚지 마라.

출애굽기 19:13 너는 네 이웃을 억압하지 말며 착취하지 말며 품꾼의 삯을 아침까지 밤새도
록 네게 두지 말며

476 다른 사람의 소유물을 탐내거나 얻기 위해 계획하지 마라.

출애굽기 20:14 간음하지 말지니라
~ 15 도둑질 하지 말지니라

477 다른 사람의 소유물을 탐내지 마라.

출애굽기 20:14 간음하지 말지니라
~ 15 도둑질 하지 말지니라

478 훔친 물건은 정해진 가치만큼 되돌려줘라.

출애굽기 22:1 사람이 소나 양을 도적질하여 잡거나 팔면 그는 소 하나에 소 다섯으로 갚고
양 하나에 양 넷으로 갚을지니라
민수기 5:6 이스라엘 자손에게 이르라 남자나 여자나 사람들이 범하는 죄를 범하여 여호와
~ 7 께 패역하여 그 몸에 죄를 얻거든 그 지은 죄를 자복하고 그 죄 값을 온전히 갚되
오분지 일을 더하여 그가 죄를 얻었던 그 본주에게 돌려 줄 것이요

479 잃어버린 물건을 못 본체 하지 마라.

신명기 22:3 나귀라도 그리하고 의복이라도 그리하고 형제가 잃어버린 어떤 것이든지 네
~ 4 가 얻거든 다 그리하고 못 본 체하지 말 것이며 네 형제의 나귀나 소가 길에 넘
어진 것을 보거든 못 본 체하지 말고 너는 반드시 형제를 도와 그것들을 일으
킬지니라

480 잃어버린 물건을 되돌려줘라.

신명기 22:1 네 형제의 소나 양이 길 잃은 것을 보거든 못 본 체하지 말고 너는 반드시 그것
들을 끌어다가 네 형제에게 돌릴 것이요

481 법원은 다른 사람을 공격하거나, 다른 사람의 소유물에 손상을 가한 사람에 대한 법을 행해라.

출애굽기 21:18 사람이 서로 싸우다가 하나가 돌이나 주먹으로 그의 상대방을 쳤으나 그가 죽지 않고 자리에 누웠다가

 482 살인하지 마라.

출애굽기 20:12 사람을 쳐죽인 자는 반드시 죽일 것이나 만일 사람이 고의적으로 한 것이 아
~13 니라 나 하나님이 사람을 그의 손에 넘긴 것이면 내가 그를 위하여 한 곳을 정하리니 그 사람이 그리로 도망할 것이며

 483 살인자를 속죄하기 위해 돈을 받지 마라.

민수기 35:31 고의로 살인죄를 범한 살인자는 생명의 속전을 받지 말고 반드시 죽일 것이며

 484 법원은 실수로 살인한 사람을 도피할 수 있는 도시로 보내라.

민수기 35:25 피를 보복하는 자의 손에서 살인자를 건져내어 그가 피하였던 도피성으로 돌려보낼 것이요 그는 거룩한 기름 부음을 받은 대제사장이 죽기까지 거기 거주할 것이니라

 485 피난 도시로 보내는 것 대신에 돈의 보상을 받지 마라.

민수기 35:32 또 도피성에 피한 자는 대제사장이 죽기 전에는 속전을 받고 그의 땅으로 돌아가 거주하게 하지 말 것이니라

 486 재판 받기 전에 살인자를 죽이지 마라.

민수기 35:12 이는 너희가 복수할 자에게서 도피하는 성을 삼아 살인자가 회중 앞에 서서 판결을 받기까지 죽지 않게 하기 위함이니라

487 목숨을 가져가려는 사람에 의해 누군가가 쫓기는 중이라고 해도 구해라.

신명기 25:12 너는 그 여인의 손을 찍어버릴 것이고 네 눈이 그를 불쌍히 여기지 말지니라

 488 쫓는 사람을 불쌍히 여기지 마라.

민수기 35:12 이는 너희가 복수할 자에게서 도피하는 성을 삼아 살인자가 회중 앞에 서서 판결을 받기까지 죽지 않게 하기 위함이니라

 489 누군가의 목숨이 위험할 때 가만히 있지 마라.

레위기 19:16 너는 네 백성 중에 돌아다니며 사람을 비방하지 말며 네 이웃의 피를 흘려 이익을 도모하지 말라 나는 여호와이니라

 490 도피할 수 있는 도시를 정하고 그곳에 갈 수 있는 길을 준비해라.

신명기 19:3 네 하나님 여호와께서 네게 기업으로 주시는 땅 전체를 세 구역으로 나누어 길을 닦고 모든 살인자를 그 성읍으로 도피하게 하라

 491 해결하지 못한 살인을 위해서, 강이나 계곡 옆에서 송아지의 목을 부러뜨려라.

신명기 21:4 그 성읍의 장로들이 물이 항상 흐르고 갈지도 않고 씨를 뿌린 일도 없는 골짜기로 그 송아지를 끌고 가서 그 골짜기에서 그 송아지의 목을 꺾을 것이요

 492 그 강이나 계곡에서는 일하거나 식물을 심지 마라.

신명기 21:4 그 성읍의 장로들이 물이 항상 흐르고 갈지도 않고 씨를 뿌린 일도 없는 골짜기로 그 송아지를 끌고 가서 그 골짜기에서 그 송아지의 목을 꺾을 것이요

493 너의 건물에 위험 요소나 장애물을 있게 하지 마라.

신명기 22:8 네가 새 집을 지을 때에 지붕에 난간을 만들어 사람이 떨어지지 않게 하라 그
피가 네 집 에 돌아갈까 하노라

 494 평평한 지붕 둘레에 난간을 만들어라.

신명기 22:8 네가 새 집을 지을 때에 지붕에 난간을 만들어 사람이 떨어지지 않게 하라 그
피가 네 집 에 돌아갈까 하노라

 495 장님 앞에 걸려 넘어질 물건을 놓지 마라.

레위기 19:14 너는 귀먹은 자를 저주하지 말며 맹인 앞에 장애물을 놓지 말고 네 하나님을
경외하라 나는 여호와이니라

 496 다른 사람의 동물이 더는 들 수 없는 짐을 들고 있다면 짐을 내
릴 수 있도록 도와줘라.

출애굽기 23:5 네가 만일 너를 미워하는 자의 나귀가 짐을 싣고 엎드러짐을 보거든 그것을
버려 두지 말고 그것을 도와 그 짐을 부릴지니라

 497 다른 사람이 그들의 동물에 짐 싣는 것을 도와줘라.

신명기 22:4 네 형제의 나귀나 소가 길에 넘어진 것을 보거든 못 본 체하지 말고 너는 반드
시 형제를 도와 그것들을 일으킬지니라

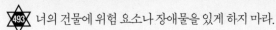 **498** 다른 사람이 그들의 짐 때문에 정신이 없을 때, 그대로 두지 말고
도와줘라.

신명기 22:4 네 형제의 나귀나 소가 길에 넘어진 것을 보거든 못 본 체하지 말고 너는 반드
시 형제를 도와 그것들을 일으킬지니라

499 토라법에 따라 판매해라.

레위기 25:14 네 이웃에게 팔든지 네 이웃의 손에서 사거든 너희 각 사람은 그의 형제를 속이지 말라

500 정해진 것보다 더 비싸게 물건을 팔거나, 정해진 것보다 싼 값에 사람을 쓰지 마라.

레위기 25:14 네 이웃에게 팔든지 네 이웃의 손에서 사거든 너희 각 사람은 그의 형제를 속이지 말라

501 누구라도 말로 모욕하거나 상처 주지 마라.

레위기 25:17 너희 각 사람은 자기 이웃을 속이지 말고 네 하나님을 경외하라 나는 너희의 하나님 여호와이니라

502 유대교로 개종한 사람을 돈으로 속이지 마라.(이자를 받지 마라.)

출애굽기 22:21 너는 이방 나그네를 압제하지 말며 그들을 학대하지 말라 너희도 애굽 땅에서 나그네였음이라

503 유대교로 개종한 사람을 말로 모욕하거나 상처 주지 마라.

출애굽기 22:21 너는 이방 나그네를 압제하지 말며 그들을 학대하지 말라 너희도 애굽 땅에서 나그네였음이라

21: 노예

그러므로 예수께서 자기를 믿은 유대인들에게 이르시

되 너희가 내 말에 거하면 참으로 내 제자가 되고 진리를

알지니 진리가 너희를 자유롭게 하리라

그들이 대답하되 우리가 아브라함의 자손이라 남의 종

이 된 적이 없거늘 어찌하여 우리가 자유롭게 되리라 하

느냐

예수께서 대답하시되 진실로 진실로 너희에게 이르노

니 죄를 범하는 자마다 죄의 종이라

: 요한복음 8:31~34

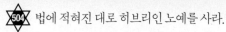

504 법에 적혀진 대로 히브리인 노예를 사라.

출애굽기 21:2 네가 히브리 종을 사면 그는 여섯 해 동안 섬길 것이요 일곱째 해에는 몸값을 물지 않고 나가 자유인이 될 것이며

505 노예가 팔리는 것처럼 그 노예를 팔지 마라.

레위기 25:42 그들은 내가 애굽 땅에서 인도하여 낸 내 종들이니 종으로 팔지 말 것이라

506 히브리인 노예를 가혹하게 일 시키지 마라.

레위기 25:43 너는 그를 엄하게 부리지 말고 네 하나님을 경외하라

507 유대인이 아닌 사람이 히브리인 노예를 가혹하게 일 시키게 하지 마라.

레위기 25:53 주인은 그를 매년의 삯꾼과 같이 여기고 네 목전에서 엄하게 부리지 말지니라

508 그가 천한 노예의 일을 하게 하지마라.

레위기 25:39 너와 함께 있는 네 형제가 가난하게 되어 네게 몸이 팔리거든 너는 그를 종으로 부리지 말고

509 그가 자유로워질 때 선물을 줘라.

신명기 15:14 네 양 무리 중에서와 타작 마당에서와 포도주 틀에서 그에게 후히 줄지니 곧 네 하나님 여호와께서 네게 복을 주신대로 그에게 줄지니라

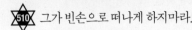 그가 빈손으로 떠나게 하지마라.

신명기 15:13 그를 놓아 자유하게 할 때에는 빈 손으로 가게 하지 말고

 유대인 하녀를 되찾아라.

출액부기 21:8 만일 상전이 그를 기뻐하지 아니하여 상관하지 아니하면 그를 속량하게 할 것이나 상전이 그 여자를 속인 것이 되었으니 외국인에게는 팔지 못할 것이요

 유대인 하녀를 약혼시켜라.

출액부기 21:8 만일 상전이 그를 기뻐하지 아니하여 상관하지 아니하면 그를 속량하게 할 것이나 상전이 그 여자를 속인 것이 되었으니 외국인에게는 팔지 못할 것이요

 소유자는 그의 하녀를 팔지 말아야한다.

출액부기 21:8 만일 상전이 그를 기뻐하지 아니하여 상관하지 아니하면 그를 속량하게 할 것이나 상전이 그 여자를 속인 것이 되었으니 외국인에게는 팔지 못할 것이요

 가나안 노예는 그들의 팔다리가 다치지 않는한 영원히 일해야 한다.

레위기 25:46 너희는 그들을 너희 후손에게 기업으로 주어 소유가 되게 할 것이라 이방인 중에서는 너희가 영원한 종을 삼으려니와 너희 동족 이스라엘 자손은 너희가 피차 엄하게 부리지 말지니라

 이스라엘로 도망친 노예를 원래 살던 데로 넘겨주지마라.

신명기 23:16 그가 네 성읍 중에서 원하는 곳을 택하는 대로 너와 함께 네 가운데에 거주하게 하고 그를 압제하지 말지니라

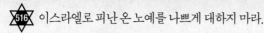

516 이스라엘로 피난 온 노예를 나쁘게 대하지 마라.

신명기 23:16 그가 네 성읍 중에서 원하는 곳을 택하는 대로 너와 함께 네 가운데에 거주하
게 하고 그를 압제하지 말지니라

22: 돈, 빛

부자는 가난한 자를 주관하고 빚진 자는 채주의 종이 되

느니라

: 잠언 22:7

517 법원은 고용된 일꾼과 경비원에 대한 법을 행해야 한다.

출애굽기 22:9 어떤 잃은 물건 즉 소나 나귀나 양이나 의복이나 또는 다른 잃은 물건에 대하여 어떤 사람이 이르기를 이것이 그것이라 하면 양편이 재판장 앞에 나아갈 것이요 재판장이 죄 있다고 하는 자가 그 상대편에게 갑절을 배상할지니라

518 그들이 번 돈을 그날에 줘라.

신명기 24:15 그 품삯을 당일에 주고 해 진 후까지 미루지 말라 이는 그가 가난하므로 그 품삯을 간절히 바람이라 그가 너를 여호와께 호소하지 않게 하라 그렇지 않으면 그것이 네게 죄가 될 것임이라

519 정해진 날이 지나도록 급여를 미루지 마라.

레위기 19:13 너는 네 이웃을 억압하지 말며 착취하지 말며 품꾼의 삯을 아침까지 밤새도록 네게 두지 말며

520 고용된 일꾼은 그들이 일하는 곳에서 수확하지 않은 곡물을 먹어도 된다.

신명기 23:25 네 이웃의 곡식밭에 들어갈 때에는 네가 손으로 그 이삭을 따도 되느니라 그러나 네 이웃의 곡식밭에 낫을 대지는 말지니라

521 일꾼은 고용된 시간 동안은 먹지 마라.

신명기 23:25 네 이웃의 곡식밭에 들어갈 때에는 네가 손으로 그 이삭을 따도 되느니라 그러나 네 이웃의 곡식밭에 낫을 대지는 말지니라

522 일꾼은 그가 먹을 수 있는 것보다 더 가져가지 마라.

신명기 23:25 네 이웃의 곡식밭에 들어갈 때에는 네가 손으로 그 이삭을 따도 되느니라 그러나 네 이웃의 곡식밭에 낫을 대지는 말지니라

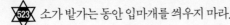 소가 밭가는 동안 입마개를 씌우지 마라.

신명기 25:4 곡식 떠는 소에게 망을 씌우지 말지니라

 법원은 물건을 빌린 사람에 대한 법을 행해라.

출애굽기 22:10 사람이 나귀나 소나 양이나 다른 짐승을 이웃에게 맡겨 지키게 하였다가 죽
~13 거나 상하거나 끌려가도 본 사람이 없으면... 맡은 자가 이웃의 것에 손을 대
지 아니하였다고 여호와께 맹세할 것이요 그 임자는 그대로 믿을 것이며... 배
상하지 아니하려니와... 도둑 맞았으면 그 임자에게 배상할 것이며 만일 찢겼
으면... 증언할 것이요 그 찢긴 것에 대하여 배상하지 아니할지니라

 법원은 지급되지 않은 경비원에 대한 법을 행해라.

출애굽기 22:7 사람이 돈이나 물품을 이웃에게 맡겨 지키게 하였다가 그 이웃 집에서 도둑
~8 을 맞았는데 그 도둑이 잡히면 갑절을 배상할 것이요 도둑이 잡히지 아니하
면 그 집주인이 재판장 앞에 가서 자기가 그 이웃의 물품에 손 댄 여부의 조사
를 받을 것이며

 극빈한 자에게 빌려줘라.

출애굽기 22:34 네가 만일 너와 함께 한 내 백성 중에서 가난한 자에게 돈을 꾸어 주면 너는 그
에게 채권자 같이 하지 말며 이자를 받지 말 것이며 네가 만일 이웃의 옷을 전
당 잡거든 해가 지기 전에 그에게 돌려보내라 그것이 유일한 옷이라 그것이
그의 알몸을 가릴 옷인즉 그가 무엇을 입고 자겠느냐 그가 내게 부르짖으면
내가 들으리니 나는 자비로운 자임이니라

 그들이 지불할 수 없는 것을 안다면 지불하라고 강요하지
마라.

출애굽기 22:24 너는 과부나 고아를 해롭게 하지 말라 네가 만일 그들을 해롭게 하므로 그들
이 내게 부르짖으면 내가 반드시 그 부르짖음을 들으리라 나의 노가 맹렬하
므로 내가 칼로 너희를 죽이리니 너희의 아내는 과부가 되고 너희 자녀는 고
아가 되리라

 우상숭배자가 (빚진 게 있다면) 지불하라고 강요해라.

신명기 15:3 이방인에게는 네가 독촉하려니와 네 형제에게 꾸어준 것은 네 손에서 면제하
라

529 빌려준 사람은 강제로 담보물을 가져가지 마라.

신명기 24:10 네 이웃에게 무엇을 꾸어줄 때에 너는 그의 집에 들어가서 전당물을 취하지 말고

530 빚진 자가 필요로 할 때는 담보물을 돌려줘라.

신명기 24:13 해 질 때에 그 전당물을 반드시 그에게 돌려줄 것이라 그리하면 그가 그 옷을 입고 자며 너를 위하여 축복하리니 그 일이 네 하나님 여호와 앞에서 네 공의로움이 되리라

531 그들이 필요로 할 때 담보물 돌려주는 걸 미루지 마라.

신명기 24:12 그가 가난한 자이면 너는 그의 전당물을 가지고 자지 말고

532 과부에게 담보물을 요구하지 마라.

신명기 24:17 너는 객이나 고아의 송사를 억울하게 하지 말며 과부의 옷을 전당 잡지 말라

533 음식을 준비하기 위해 필요한 도구를 담보물로 취하지 마라.

신명기 24:6 사람이 맷돌이나 그 위짝을 전당 잡지 말지니 이는 그 생명을 전당 잡음이니라

534 이자와 함께 빌려주지 마라.

레위기 25:37 너는 그에게 이자를 위하여 돈을 꾸어 주지 말고 이익을 위하여 네 양식을 꾸어 주지 말라

이자와 함께 빌리지 마라.

신명기 23:20 타국인에게 네가 꾸어주면 이자를 받아도 되거니와 네 형제에게 꾸어주거든
이자를 받지 말라 그리하면 네 하나님 여호와께서 네가 들어가서 차지할 땅
에서 네 손으로 하는 범사에 복을 내리시리라

 중도에(만기 이전에) 이자나, 보증이나, 증언이나, 약속 어음을 쓰
게 하지 마라.

출애굽기 22:25 네가 만일 너와 함께 한 내 백성 중에서 가난한 자에게 돈을 꾸어 주면 너는 그
에게 채권자 같이 하지 말며 이자를 받지 말 것이며

 우상숭배자에게는 이자와 함께 빌리거나 빌려줘라.

신명기 23:20 타국인에게 네가 꾸어주면 이자를 받아도 되거니와 네 형제에게 꾸어주거든
이자를 받지 말라 그리하면 네 하나님 여호와께서 네가 들어가서 차지할 땅
에서 네 손으로 하는 범사에 복을 내리시리라

23: 법원

네가 너를 고발하는 자와 함께 법관에게 갈 때에 길에서
화해하기를 힘쓰라 그가 너를 재판장에게 끌어 가고 재
판장이 너를 옥졸에게 넘겨 주어 옥졸이 옥에 가둘까 염
려하라
네게 이르노니 한 푼이라도 남김이 없이 갚지 아니하고
서는 결코 거기서 나오지 못하리라 하시니라

: 누가복음 12:58~59

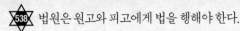 법원은 원고와 피고에게 법을 행해야 한다.

출애굽기 22:8 도둑이 잡히지 아니하면 그 집주인이 재판장 앞에 가서 자기가 그 이웃의 물품에 손 댄 여부의 조사를 받을 것이며

 법원은 전해 내려온 법(토라)을 수행해야 한다.

민수기 27:8 너는 이스라엘 자손에게 말하여 이르기를 사람이 죽고 아들이 없으면 그의 기업을 그의 딸에게 돌릴 것이요

 판사들을 임명해라.

신명기 16:18 네 하나님 여호와께서 네게 주시는 각 성에서 네 지파를 따라 재판장들과 지도자들을 둘 것이요 그들은 공의로 백성을 재판할 것이니라

 법적인 절차에 익숙하지 않은 사람을 판사로 임명하지 마라.

신명기 1:17 재판은 하나님께 속한 것인즉 너희는 재판할 때에 외모를 보지 말고 귀천을 차별 없이 듣고 사람의 낯을 두려워하지 말 것이며 스스로 결단하기 어려운 일이 있거든 내게로 돌리라 내가 들으리라 하였고

 의견이 충돌할 경우 다수결로 결정해라.

출애굽기 23:2 다수를 따라 악을 행하지 말며 송사에 다수를 따라 부당한 증언을 하지 말며

 법원은 한 명의 말로 사형시키지 마라. 적어도 두 명이 필요하다.

출애굽기 23:2 다수를 따라 악을 행하지 말며 송사에 다수를 따라 부당한 증언을 하지 말며

544 무죄라고 말한 판사가 (뒤집어) 사형이라고 주장하지 마라.

신명기 23:2 다수를 따라 악을 행하지 말며 송사에 다수를 따라 부정당한 증거를 하지 말며

545 법원은 돌로 사형시키는 법을 행해라.

신명기 22:24 너희는 그들을 둘 다 성읍 문으로 끌어내고 그들을 돌로 쳐죽일 것이니 그 처녀는 성안에 있으면서도 소리 지르지 아니하였음이요 그 남자는 그 이웃의 아내를 욕보였음이라 너는 이같이 하여 너희 가운데에서 악을 제할지니라

546 법원은 불로 사형시키는 법을 행해라.

레위기 20:14 누구든지 아내와 자기의 장모를 함께 데리고 살면 악행인즉 그와 그들을 함께 불사를지니 이는 너희 중에 악행이 없게 하려 함이니라

547 법원은 칼로 사형시키는 법을 행해라.

출애굽기 21:20 사람이 매로 그 남종이나 여종을 쳐서 당장에 죽으면 반드시 형벌을 받으려니와

548 법원은 목졸라 사형시키는 법을 행해라.

레위기 20:10 누구든지 남의 아내와 간음하는 자 곧 그의 이웃의 아내와 간음하는 자는 그 간부와 음부를 반드시 죽일지니라

549 법원은 돌맞아 죽은 신성모독한자와 우상숭배자를 나무에 매달아놔라.

신명기 21:22 사람이 만일 죽을 죄를 범하므로 네가 그를 죽여 나무 위에 달거든

그들이 처형당한 날에 땅에 묻어라.

신명기 21:23 그 시체를 나무 위에 밤새도록 두지 말고 그 날에 장사하여 네 하나님 여호와
께서 네게 기업으로 주시는 땅을 더럽히지 말라 나무에 달린 자는 하나님께
저주를 받았음이니라

 새벽까지 그들을 묻는 걸 미루지 마라.

신명기 21:23 그 시체를 나무 위에 밤새도록 두지 말고 그 날에 장사하여 네 하나님 여호와
께서 네게 기업으로 주시는 땅을 더럽히지 말라 나무에 달린 자는 하나님께
저주를 받았음이니라

 법원은 마법사를 살려두지 마라.

출애굽기 22:18 너는 무당을 살려두지 말라

 법원은 범법자를 채찍질해라.

신명기 25:2 악인에게 태형이 합당하면 재판장은 그를 엎드리게 하고 그 앞에서 그의 죄
에 따라 수를 맞추어 때리게 하라

 법원은 적혀진 숫자 이상의 과도한 채찍질을 하지 마라.

신명기 25:3 사십까지는 때리려니와 그것을 넘기지는 못할지니 만일 그것을 넘겨 매를 지
나치게 때리면 네가 네 형제를 경히 여기는 것이 될까 하노라

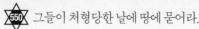 법원은 정황상의 증거만으로 누군가를 죽이지 마라.

출애굽기 23:7 거짓 일을 멀리 하며 무죄한 자와 의로운 자를 죽이지 말라 나는 악인을 의롭
다 하지 아니하겠노라

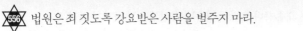

556 법원은 죄 짓도록 강요받은 사람을 벌주지 마라.

신명기 22:26 처녀에게는 아무것도 행하지 말 것은 처녀에게는 죽일 죄가 없음이라 이 일은 사람이 일어나 그 이웃을 쳐죽인 것과 같은 것이라

557 판사는 법정에서 살인자나 강간자를 동정하지 마라.

신명기 19:13 네 눈이 그를 긍휼히 여기지 말고 무죄한 피를 흘린 죄를 이스라엘에서 제하라 그리하면 네게 복이 있으리라

558 판사는 법정에서 가난한 사람에게 자비를 베풀지 마라.

레위기 19:15 너희는 재판할 때에 불의를 행하지 말며 가난한 자의 편을 들지 말며 세력 있는 자라고 두둔하지 말고 공의로 사람을 재판할지며

559 판사는 법정에서 대단한 사람이라도 존경하지 마라.

레위기 19:15 너희는 재판할 때에 불의를 행하지 말며 가난한 자의 편을 들지 말며 세력 있는 자라고 두둔하지 말고 공의로 사람을 재판할지며

560 판사는 습관적인 죄인이라도 불공정하게 판결하지 마라.

출애굽기 23:7 거짓 일을 멀리 하며 무죄한 자와 의로운 자를 죽이지 말라 나는 악인을 의롭다 하지 아니하겠노라

561 판사는 판결을 왜곡하지 마라.

레위기 19:15 너희는 재판할 때에 불의를 행하지 말며 가난한 자의 편을 들지 말며 세력 있는 자라고 두둔하지 말고 공의로 사람을 재판할지며

판사는 개종자나 고아의 경우에도 판결을 왜곡하지 마라.

신명기 24:17 너는 객이나 고아의 송사를 억울하게 하지 말며 과부의 옷을 전당 잡지 말라

 정의롭게 판결해라.

레위기 19:15 너희는 재판할 때에 불의를 행하지 말며 가난한 자의 편을 들지 말며 세력 있는 자라고 두둔하지 말고 공의로 사람을 재판할지며

 판사는 판결할 때 난폭한 사람을 두려워하지 마라.

신명기 1:17 재판은 하나님께 속한 것인즉 너희는 재판할 때에 외모를 보지 말고 귀천을 차별 없이 듣고 사람의 낯을 두려워하지 말 것이며 스스로 결단하기 어려운 일이 있거든 내게로 돌리라 내가 들으리라 하였고

 판사는 뇌물을 받지 마라.

출애굽기 23:8 너는 뇌물을 받지 말라 뇌물은 밝은 자의 눈을 어둡게 하고 의로운 자의 말을 굽게 하느니라

 양쪽(피고와 원고)가 참석하지 않았을 경우에 증언를 받지 마라.

출애굽기 23:1 너는 거짓된 풍설을 퍼뜨리지 말며 악인과 연합하여 위증하는 증인이 되지 말며

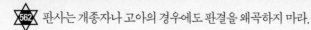 판사를 저주하지 마라.

출애굽기 22:27 너는 재판장을 모독하지 말며 백성의 지도자를 저주하지 말지니라

568 나라의 수장이나 리더를 저주하지 마라.

출애굽기 22:27 너는 재판장을 모독하지 말며 백성의 지도자를 저주하지 말지니라

569 정직한 유대인을 저주하지 마라.

레위기 19:14 너는 귀먹은 자를 저주하지 말며 맹인 앞에 장애물을 놓지 말고 네 하나님을 경외하라 나는 여호와이니라

570 증거를 아는 사람은 누구든지 법정에서 증언해라.

레위기 5:1 만일 누구든지 저주하는 소리를 듣고서도 증인이 되어 그가 본 것이나 알고 있는 것을 알리지 아니하면 그는 자기의 죄를 져야 할 것이요 그 허물이 그에게로 돌아갈 것이며

571 목격자를 조심스럽게 심문해라.

신명기 13:15 너는 마땅히 그 성읍 주민을 칼날로 죽이고 그 성읍과 그 가운데에 거주하는 모든 것과 그 가축을 칼날로 진멸하고

572 중범죄에서 목격자는 판사가 되지마라.

신명기 19:17 그 논쟁하는 쌍방이 같이 하나님 앞에 나아가 그 당시의 제사장과 재판장 앞에 설 것이요

573 한명의 목격자로부터는 증언을 받지 마라.

신명기 19:15 사람의 모든 악에 관하여 또한 모든 죄에 관하여는 한 증인으로만 정할 것이 아니요 두 증인의 입으로나 또는 세 증인의 입으로 그 사건을 확정할 것이며

범죄자는 증언하지 마라.

출애굽기 23:1 너는 거짓된 풍설을 퍼뜨리지 말며 악인과 연합하여 위증하는 증인이 되지
말며

 원고나 피고의 친척은 증언하지 마라.

신명기 24:16 아버지는 그 자식들로 말미암아 죽임을 당하지 않을 것이요 자식들은 그 아
버지로 말미암아 죽임을 당하지 않을 것이니 각 사람은 자기 죄로 말미암아
죽임을 당할 것이니라

 거짓으로 증언하지 마라.

출애굽기 20:13 살인하지 살라
~ 14 간음하지 말라

 피고인을 벌주려고 거짓말하는 목격자를 벌줘라

신명기 19:19 그가 그의 형제에게 행하려고 꾀한 그대로 그에게 행하여 너희 중에서 악을
제하라

 의회의 결정에 따라 행동해라.

신명기 17:11 곧 그들이 네게 가르치는 율법의 뜻대로 그들이 네게 말하는 판결대로 행할 것
이요 그들이 네게 보이는 판결을 어겨 좌로나 우로나 치우치지 말 것이니라

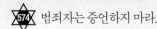 의회의 말에서 벗어나지 마라.

신명기 17:11 곧 그들이 네게 가르치는 율법의 뜻대로 그들이 네게 말하는 판결대로 행할 것
이요 그들이 네게 보이는 판결을 어겨 좌로나 우로나 치우치지 말 것이니라

24: 삶의 원칙 2

또 다른 사람에게 나를 따르라 하시니 그가 이르되 나로

먼저 가서 내 아버지를 장사하게 허락하옵소서

이르시되 죽은 자들로 자기의 죽은 자들을 장사하게 하

고 너는 가서 하나님의 나라를 전파하라 하시고

또 다른 사람이 이르되 주여 내가 주를 따르겠나이다마

는 나로 먼저 내 가족을 작별하게 허락하소서

예수께서 이르시되 손에 쟁기를 잡고 뒤를 돌아보는 자

는 하나님의 나라에 합당하지 아니하니라 하시니라

: 누가복음 9:59~62

토라의 계명이나 그것의 주석에 더하지 마라.

신명기 13:1 너희 중에 선지자나 꿈 꾸는 자가 일어나서 이적과 기사를 네게 보이고 그가
~3 네게 말한 그 이적과 기사가 이루어지고 너희가 알지 못 하던 다른 신들을 우
리가 따라 섬기자고 말할지라도 너는 그 선지자나 꿈 꾸는 자의 말을 청종하
지 말라...

 토라의 계명을 전체적으로나 부분적으로 줄이지 마라.

신명기 13:1 너희 중에 선지자나 꿈 꾸는 자가 일어나서 이적과 기사를 네게 보이고 그가
~3 네게 말한 그 이적과 기사가 이루어지고 너희가 알지 못 하던 다른 신들을 우
리가 따라 섬기자고 말할지라도 너는 그 선지자나 꿈 꾸는 자의 말을 청종하
지 말라...

 너의 부모님을 저주하지 마라.

출애굽기 21:17 자기의 아버지나 어머니를 저주하는 자는 반드시 죽일지니라

 너의 부모님을 때리지 마라.

출애굽기 21:15 자기 아버지나 어머니를 치는 자는 반드시 죽일지니라

 너의 부모님을 존경해라.

출애굽기 20:12 네 부모를 공경하라 그리하면 네 하나님 여호와가 네게 준 땅에서 네 생명이
~13 길리라

 너의 부모님을 두려워해라.

레위기 19:3 너희 각 사람은 부모를 경외하고 나의 안식일을 지키라 나는 너희의 하나님
여호와이니라

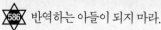

⬡586 반역하는 아들이 되지 마라.

신명기 21:18 사람에게 완악하고 패역한 아들이 있어 그의 아버지의 말이나 그 어머니의 말을 순종하지 아니하고 부모가 징계하여도 순종하지 아니하거든

⬡587 (친척이 죽었을 때) 친척을 위해 애도해라.

레위기 10:19 아론이 모세에게 이르되 오늘 그들이 그 속죄제와 번제를 여호와께 드렸어도 이런 일이 내게 임하였거늘 오늘 내가 속죄제물을 먹었더라면 여호와께서 어찌 좋게 여기셨으리요

⬡588 대제사장은 어떤 친족 때문에라도 자신을 더럽히지 마라.

레위기 21:11 어떤 시체에든지 가까이 하지 말지니 그의 부모로 말미암아서도 더러워지게 하지 말며

⬡589 대제사장은 시체와 같은 지붕 아래 있지 마라.

레위기 21:11 어떤 시체에든지 가까이 하지 말지니 그의 부모로 말미암아서도 더러워지게 하지 말며

⬡590 성직자는 친족을 제외하고 장례식이나 무덤에 가는 걸로 그를 더럽혀서는 안 된다.

레위기 21:1 여호와께서 모세에게 이르시되 아론의 자손 제사장들에게 말하여 이르라 그의 백성 중에서 죽은 자를 만짐으로 말미암아 스스로를 더럽히지 말려니와

25 : 왕

또 이르기를 옛적에 이스라엘 왕 솔로몬이 이 일로 범죄

하지 아니하였느냐 그는 많은 나라 중에 비길 왕이 없이

하나님의 사랑을 입은 자라 하나님이 그를 왕으로 삼아

온 이스라엘을 다스리게 하셨으나 이방 여인이 그를 범

죄하게 하였나니

너희가 이방 연인을 아내로 맞아 이 모든 큰 악을 행하여

우리 하나님께 범죄하는 것을 우리가 어찌 용납하겠느

냐

: 느헤미야 13:26~27

591 이스라엘 사람 중에 왕을 뽑아라.

신명기 17:15 반드시 네 하나님 여호와께서 택하신 자를 네 위에 왕으로 세울 것이며 네 위에 왕을 세우려면 네 형제 중에서 한 사람을 할 것이요 네 형제 아닌 타국인을 네 위에 세우지 말 것이며

592 외국인을 왕으로 뽑지 마라.

신명기 17:15 반드시 네 하나님 여호와께서 택하신 자를 네 위에 왕으로 세울 것이며 네 위에 왕을 세우려면 네 형제 중에서 한 사람을 할 것이요 네 형제 아닌 타국인을 네 위에 세우지 말 것이며

593 왕은 너무 많은 아내를 가지지 마라.

신명기 17:17 그에게 아내를 많이 두어 그의 마음이 미혹되게 하지 말 것이며 자기를 위하여 은금을 많이 쌓지 말 것이니라

594 왕은 너무 많은 말을 가지지 마라.

신명기 17:16 그는 병마를 많이 두지 말 것이요 병마를 많이 얻으려고 그 백성을 애굽으로 돌아가게 하지 말 것이니 이는 여호와께서 너희에게 이르시기를 너희가 이 후에는 그 길로 다시 돌아가지 말 것이라 하셨음이며

595 왕은 너무 많은 금이나 은을 가지지 마라.

신명기 17:17 그에게 아내를 많이 두어 그의 마음이 미혹되게 하지 말 것이며 자기를 위하여 은금을 많이 쌓지 말 것이니라

26: 이웃 국가, 전쟁

너희는 이 땅의 주민과 언약을 맺지 말며 그들의 제단들

을 헐라 하였거늘 너희가 내 목소리를 듣지 아니하였으

니 어찌하여 그리하였느냐

그러므로 내가 또 말하기를 내가 그들을 너희 앞에서 쫓

아내지 아니하리니 그들이 너희 옆구리에 가시가 될 것

이며 그들의 신들이 너희에게 올무가 되리라 하였노라

여호와의 사자가 이스라엘 모든 자손에게 이 말씀을 이

르매 백성이 소리를 높여 운지라

: 사사기 2:2~4

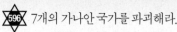 **596** 7개의 가나안 국가를 파괴해라.

신명기 20:17 곧 헷 족속과 아모리 족속과 가나안 족속과 브리스 족속과 히위 족속과 여부
스 족속을 네가 진멸하되 네 하나님 여호와께서 네게 명령하신 대로하라

 597 그 중 누구라도 살려두지 마라.

신명기 20:16 오직 네 하나님 여호와께서 네게 기업으로 주시는 이 민족들의 성읍에서는
호흡 있는 자를 하나도 살리지 말지니

 598 아말렉 자손을 전멸시켜라.

신명기 25:19 그러므로 네 하나님 여호와께서 네게 기업으로 주어 차지하게 하시는 땅에서
네 하나님 여호와께서 사방에 있는 모든 적군으로부터 네게 안식을 주실 때
에 너는 천하에서 아말렉에 대한 기억을 지워버리라 너는 잊지 말지니라

599 아말렉인이 유대인에게 무엇을 했는지 기억해라.

신명기 25:17 너희는 애굽에서 나오는 길에 아말렉이 네게 행한 일을 기억하라

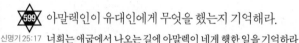 **600** 이집트 사막에서 여행할 때의 아말렉인의 잔혹한 일과 기습을
잊지 마라.

신명기 25:19 그러므로 네 하나님 여호와께서 네게 기업으로 주어 차지하게 하시는 땅에서
네 하나님 여호와께서 사방에 있는 모든 적군으로부터 네게 안식을 주실 때
에 너는 천하에서 아말렉에 대한 기억을 지워버리라 너는 잊지 말지니라

601 이집트에 영원히 거주하지 마라.

신명기 17:16 그는 병마를 많이 두지 말 것이요 병마를 많이 얻으려고 그 백성을 애굽으로
돌아가게 하지 말 것이니 이는 여호와께서 너희에게 이르시기를 너희가 이
후에는 그 길로 다시 돌아가지 말 것이라 하셨음이며

도시를 포위했을 때 거주자들에게 평화를 제안하고, 그들이 제안을 받아들인다면 토라에 따라 그들을 대해라.

신명기 20:10 네가 어떤 성읍으로 나아가서 치려 할 때에는 그 성읍에 먼저 화평을 선언하라

 암몬인과 모압인을 포위했을 때는 평화를 제안하지 마라.

신명기 23:3 암몬 사람과 모압 사람은 여호와의 총회에 들어오지 못하리니... 그들은 너희가
~ 6 애굽에서 나올 때에 떡과 물로 너희를 길에서 영접하지 아니하고 메소보다미아의 브돌 사람 브올의 아들 발람에게 뇌물을 주어 너희를 저주하게 하려 하였으나 네 평생에 그들의 평안함과 형통함을 영원히 구하지 말지니라

 포위하는 동안 나무의 음식을 파괴하지 마라.

신명기 20:19 너희가 어떤 성읍을 오랫동안 에워싸고 그 성읍을 쳐서 점령하려 할 때에도 도끼를 둘러 그곳의 나무를 찍어내지 말라 이는 너희가 먹을 것이 될 것임이니 찍지 말라 들의 수목이 사람이냐 너희가 어찌 그것을 에워싸겠느냐

 캠프 밖에 변소를 준비해라.

신명기 23:13 네 기구에 작은 삽을 더하여 밖에 나가서 대변을 볼 때에 그것으로 땅을 팔 것이요 몸을 돌려 그 배설물을 덮을지니

 그것을 묻을 수 있도록 각각의 군인을 위해 한 삽을 준비해라.

신명기 23:14 이는 네 하나님 여호와께서 너를 구원하시고 적군을 네게 넘기시려고 네 진영 중에 행하심이라 그러므로 네 진영을 거룩히 하라 그리하면 네게서 불결한 것을 보시지 않으므로 너를 떠나지 아니하시리라

 성직자를 뽑아서 전쟁 동안 병사들이 말할 수 있도록 해라.

신명기 20:2 너희가 싸울 곳에 가까이 가면 제사장은 백성에게 나아가서 고하여

608 아내를 가진 사람은, 집을 짓거나 밭에 나무를 심어서 일 년간 그의 소유물로 기뻐할 수 있도록 해라.

신명기 24:5 사람이 새로이 아내를 맞이하였으면 그를 군대로 내보내지 말 것이요 아무 직무도 그에게 맡기지 말 것이며 그는 일 년 동안 한가하게 집에 있으면서 그가 맞이한 아내를 즐겁게 할지니라

609 그 사람은 군대나 사회 공동의 어떤 것도 요구받지 않는다.

신명기 24:5 사람이 새로이 아내를 맞이하였으면 그를 군대로 내보내지 말 것이요 아무 직무도 그에게 맡기지 말 것이며 그는 일 년 동안 한가하게 집에 있으면서 그가 맞이한 아내를 즐겁게 할지니라

610 전쟁에서 공황에 빠지거나 후퇴하지 마라.

신명기 20:3 말하여 이르기를 이스라엘아 들으라 너희가 오늘 너희의 대적과 싸우려고 나아왔으니 마음에 겁내지 말며 두려워하지 말며 떨지 말며 그들로 말미암아 놀라지 말라

611 포로로 잡은 여자에 대한 법을 지켜라.

신명기 21:11 네가 만일 그 포로 중의 아리따운 여자를 보고 그에게 연연하여 아내를 삼고
~13 자 하거든 그를 네 집으로 데려갈 것이요 그는 그 머리를 밀고 손톱을 베고 또 포로의 의복을 벗고 네 집에 살며 그 부모를 위하여 한 달 동안 애곡한 후에 네가 그에게로 들어가서 그의 남편이 되고 그는 네 아내가 될 것이요

612 성관계를 갖은 포로를 노예로 팔지 마라.

신명기 21:14 그 후에 네가 그를 기뻐하지 아니 하거든 그의 마음대로 가게 하고 결코 돈을 받고 팔지 말지라 네가 그를 욕보였은즉 종으로 여기지 말지니라

613 그녀와 성관계를 갖은 후에는 노예의 상태로 두지 마라.

신명기 21:14 그 후에 네가 그를 기뻐하지 아니 하거든 그의 마음대로 가게 하고 결코 돈을 받고 팔지 말지라 네가 그를 욕보였은즉 종으로 여기지 말지니라